2004

地方自治体
新条例解説集

編集　イマジン自治情報センター
監修　自治体議会政策学会

イマジン出版

目　次

*注　条例の分類は制定の目的を主に判断しています。
　　分類項目は五十音順で掲載しています。

NPO

| 高知県 | 高知県特定非営利活動法人に係る県税の課税免除に関する条例 | 県民税均等割りは収益事業を行っていても無期限免除／全国初 ………… 1 |

環境

兵庫県	環境の保全と創造に関する条例	排ガスに含まれる窒素酸化物(Nox)も運行規制の対象に／全国初 …………… 2
群馬県・太田市	太陽光のまち・おおた発電システム導入奨励金支給条例	太陽光発電助成、既存の住宅にも拡大 …… 3
山口県・山口市	山口市の生活環境の保全に関する条例	犬・猫のふん放置や放置自動車、廃棄物の投棄などに罰則 ………………………………… 4
愛媛県・宇和島市	きれいなまち宇和島をみんなでつくる条例	ごみが投棄されたら占有者の責任／不法投棄の情報提供に賞賜金 ……………………… 5
岐阜県	岐阜県希少野生生物条例	保護区の中で特に重要な区域については立ち入り制限地区に指定 ………………………… 6
岡山県・笠岡市	笠岡市カブトガニ保護条例	カブトガニを保護／生息環境を乱す行為を禁止 … 7
岐阜県・岐阜市	岐阜市自然環境の保全に関する条例	絶滅危惧種の無断捕獲や採取に罰金／特別保全地区での開発行為も規制 ………………… 9

環境（廃棄物）

兵庫県	兵庫県産業廃棄物等の不適正な処理の防止に関する条例	廃自動車、使用済みタイヤ、家電も対象に／産業廃棄物の不法投棄防止を条例化 ……… 10
愛知県・名古屋市	名古屋市産業廃棄物等の適正な処理及び資源化の促進に関する条例	産業廃棄物の減量化へ建設汚泥の再資源化に基準／全国初 ………………………………… 11
京都府・京都市	京都市産業廃棄物の不適正な処理の防止等に関する条例	産廃搬入を即時停止へ／強制執行を可能に、全国初 ……………………………………… 12
宮崎県・砂土原町	砂土原町不法投棄防止条例	一般ごみ、産廃、廃家電の不法投棄防止へ、通報者に報奨制度 ……………………… 13
兵庫県・北但行政事務組合	北但行政事務組合廃棄物の処理に関する条例	不十分なゴミ分別に罰則規定／業者名公表や搬入禁止も ………………………………… 17

環　境（緑）

| 千葉県 | 千葉県里山の保全、整備及び活用の促進に関する条例 | ボランティア団体の里山保全活動に地権者との協定制度を創設 ……………………… 20 |

議　会

| 福岡県 | 福岡県議会の議員の報酬及び費用弁償等に関する条例（改正） | 刑事事件の被疑者として逮捕の議員は報酬を停止 ……………………………………… 21 |
| 岩手県 | 県行政に関する基本的な計画の議決に関する条例 | 基本計画の立案段階で議会に報告／議会の議決も義務付け ……………………………… 22 |

教　育

| 鹿児島県・南種子町 | 南種子町南種子高等学校生徒修学援助費補助金条例 | 高校存続をかけ新入生に入学支度金／町外通学生には通学費や下宿費を補助 ………… 23 |

i

交　　通

| 東京都・板橋区 | 板橋区自転車安全利用条例 | 自転車交通事故防止に安全利用指導員を配置／指導警告も、全国初 …………………… 28 |
| 広島県・尾道市 | 尾道市自転車等の放置の防止に関する条例 | 壊れた放置自転車は「廃棄物」として即日廃棄処分 ……………………………………… 29 |

港　　湾

| 茨城県 | 茨城県港湾施設管理条例（改正） | 「危険船」の入港制限を可能に／全国初 … 30 |

個人情報保護

東京都・中野区	中野区住民基本台帳ネットワークシステムに係る本人確認情報等の保護に関する条例	本人確認情報を不当な目的で利用した職員に罰則／再委託も禁止 ……………………… 31
京都府・宇治市	宇治市個人情報保護条例（改正）	公文書、電子情報の漏えいに最高の罰則／紙情報も対象は全国初 …………………… 32
宮城県・仙台市	仙台市個人情報保護条例（改正）	個人情報記載のすべての公文書「第三者への提供」に懲役刑を含む罰則 …………… 33

災害対策

| 東京都・練馬区 | 練馬区災害対策条例 | 災害の予防や復興の基本施策を条例で規定／ペットや帰宅困難者対策も ……………… 34 |

財　　政

三重県	三重県における補助金等の基本的な在り方等に関する条例	補助金支出に事業の資料や実績調書の議会提出を義務付け／議員提案で、全国初 ……… 35
新潟県・柏崎市鹿児島県・川内市	柏崎市使用済み核燃料税条例・川内市使用済み核燃料税条例	使用済み核燃料に課税／柏崎市は法定外目的税、川内市は法定外普通税で、全国初 …… 36
東京都・豊島区	豊島区狭小住戸集合住宅税条例	ワンルームマンションの建築主に課税／ファミリー向け住宅の供給を誘導 ………… 37
東京都・豊島区	豊島区放置自転車等対策推進税条例	法定外目的税として放置自転車税を新設／全国初、総務省に協議書を提出 ………… 38
高知県	高知県税条例（改正）・高知県森林環境保全基金条例	森林保全に森林環境税を導入、全国初／県民税均等割りに一律年額500円を加算 …… 39

産業経済

東京都・世田谷区	世田谷区産業振興基本条例（改正）	コンビニエンスストアなどに商店街への加入、協力の努力を規定 ……………………… 40
山梨県・大月市	大月市「元気を出せ」経営支援緊急融資条例	市が信用保証協会に債務保証／小規模商工業者の融資支援で ………………………… 41
茨城県	茨城県産業活動の活性化及び雇用機会の創出のための県税の特別措置に関する条例	立地企業に法人事業税、不動産取得税全額免除／全国初 ………………………………… 44
愛知県・豊橋市	豊橋市企業立地促進条例（改正）	太陽発電や雨水利用を促す改正／他の奨励制度も拡充 ………………………………… 45
栃木県・矢板市	矢板市企業誘致条例・企業誘致推進員事業実施要綱	企業誘致に3種類の奨励金／誘致推進員制度で最高2000万円の褒賞 …………………… 46

自治制度

| 埼玉県・和光市 | 和光市市民参加条例 | 18歳以上の市民の政策提言／10名以上の連名提案は検討し、結果を公表 …………… 49 |

岡山県・大佐町	大佐町まちづくり基本条例・まちづくり審議会条例	まちづくりに関する計画等は、基本条例を尊重と規定……50
埼玉県・宮代町	宮代町市民参加条例	市民参加を将来にわたり約束／参加方法をルール化……58
高知県・高知市	高知市民と行政のパートナーシップのまちづくり	前文を方言で／条文も平易な文章でわかりやすく表現……59
埼玉県・志木市	志木市市民との協働による行政運営推進条例	行政パートナー（NPO法人等）、市民の守秘義務などを条例化……60
静岡県・浜松市	浜松市市民協働推進条例	パートナーシップへ組織整備／基金も創設……61
北海道・奈井江町	奈井江町合併問題に関する住民投票条例	子どもの権利条例を反映して小学5年生以上の子ども投票を規定……62
神奈川県・城山町	城山町外部監査契約に基づく監査に関する条例	町村では全国初／議員提案で条例化……63

児童・家庭

東京都・武蔵野市	武蔵野市児童の虐待の防止及び子育て家庭への支援に関する条例	児童虐待防止と子育て支援へ子育てSOS支援ネットワーク／関係機関の連携を盛る……64
福井県・武生市	武生市児童育成手当条例	独自条例で児童扶養手当を父子家庭にも支給……65
岐阜県・多治見市	多治見市子どもの権利に関する条例	「児童の権利に関する条約」の精神を踏まえ制定……66
富山県・小杉町	小杉町子どもの権利に関する条例	町民参画、子ども参画の組織づくりで条例制定……67
山梨県・大月市	大月市子育て支援手当支給条例	第3子以降に祝い金の合計100万円／人口減少に歯止めが目的……68

住　　宅

| 茨城県・大洗町 | 大洗町営住宅管理条例（改正） | 新しい町営住宅完成を期に「若い夫婦大歓迎」と町外に門戸を開く……71 |

上下水道

愛媛県・肱川町	ひじかわの森林を育む基金条例	水源かん養機能の充実に向け、基金創設／間伐材の利用促進運動なども支援……75
長野県・木曽広域連合	木曽森林保全基金条例	郡内11自治体が森林保全基金創設／下流域の愛知県内5自治体とも一体で使用……78
長野県・楢川村	楢川村水源地域環境保全基金条例	水源林整備へ基金創設／水道使用料1トンにつき水道料を1円上乗せして積み立て……79
福岡県・福岡市	福岡市節水推進条例	大型施設のトイレに雑用水利用を義務付け／全国初の節水条例……81

情報公開

| 岡山県・岡山市 | 岡山市情報公開条例（改正） | インターネットで公文書開示請求／開示文書はだれでも閲覧可能に、全国初……82 |

人権（男女協働参画）

| 埼玉県・蕨市 | 蕨市男女共同参画パートナーシップ条例 | 市の責務で必要な体制と財政上の措置を明文化／市民への表現にも留意事項……83 |
| 大阪府・豊中市 | 豊中市男女共同参画推進条例 | 全国初、家庭内暴力（DV）やセクハラ訴訟費用を貸付／加害者への是正勧告や調停も……84 |

神奈川県・大和市	大和市印鑑条例（改正）	印鑑登録証明書から性別を削除／年度中に178件の各種申請書からも……… 85
東京都・小金井市	小金井市男女平等基本条例	ジェンダー統計の作成整備は市の義務／男女平等を明確に目的化……… 86
宮崎県・都城市	都城市男女共同参画社会づくり条例	前文で男女共同参画社会の実現が市の最重要課題と明記……… 87

生活安全

茨城県	茨城県安全なまちづくり条例	深夜物品販売業者（コンビニ等）に犯罪防止の指針を策定／業者に努力義務……… 88
宮城県	宮城県暴走族根絶の促進に関する条例（改正）	暴走族への勧誘に懲役1年／面倒見やあおり行為にも罰則……… 89
東京都	公衆に著しく迷惑をかける暴力的不良行為等の防止に関する条例（改正）	ストーカー規制法対象外の「つきまとい」に罰則／被害者から申出に支援も……… 90
東京都・日野市	日野市被害者、遺族等支援条例	犯罪や事故、災害などの被害者や遺族を支援／総合窓口を設置……… 91

政治倫理

長崎県・長崎市	長崎市議会議員政治倫理条例	2親等以内の親族企業は市発注請負事業を辞退／問責制度や補助団体の有報酬役員辞退も……… 92
徳島県	徳島県の公務員倫理に関する条例	知事を含んだ職員倫理条例は全国初……… 93
和歌山県・和歌山市	和歌山市長等の倫理に関する条例	倫理審査会に辞職勧告権／市民からの調査請求権も規定……… 94

総　務

大阪府東・大阪市	東大阪市職員倫理条例	多重債務は公務員の信用失墜にあたると規則で明記……… 95
大阪府・和泉市	和泉市職員倫理条例	疑惑通報には直ちに調査／疑惑の告発に保護規定……… 96
福島県	福島県職員定数条例（改正）	定数管理計画を条文に盛り込む／機構改革で実現……… 97
栃木県・鹿沼市	鹿沼市職員等公益通報条例	百条調査委員会提言で条例制定／市の自浄作用を期待……… 98
東京都・千代田区	千代田区職員等公益通報条例	公益通報制度を条例化／第三者機関の行政監察員に調査権限……… 99
愛知県・日進市	日進市職員の育児休業に伴う任期付職員の任用等に関する条例	育児休業の代替職員を任期付職員に／待遇を常勤職員と同等に……… 100
福島県・矢祭町	行政機構改革に伴う関係条例の整理に関する条例	合併しない宣言を実現する機構改革……… 101
愛知県・高浜市	高浜市公の施設の指定管理者の指定の手続等に関する条例	指定管理者の指定手続きに詳細な選定事項を規定……… 103
岐阜県	岐阜県電子署名に係る地方公共団体の認証業務に関する法律施行条例	電子行政への法律改正／各自治体は施行条例で対応……… 104

都市計画

| 東京都・江東区 | 江東区マンション建設計画の調整に関する条例 | 500平方メートル以上のマンション建設用地は取得前届出を義務付け／中止・変更勧告も……… 105 |
| 東京都・府中市 | 府中市地域まちづくり条例 | 市民も地区計画の原案を申出／大規模土地取引は地権者に事前届出義務……… 106 |

東京都・狛江市	狛江市まちづくり条例	住民主体の地区まちづくり計画／開発の事前協議と事業協定締結、罰則も … 107
東京都・杉並区	杉並区低層商業業務誘導地区建築条例	荻窪駅周辺の商店街振興を目的に、新築ビル1階に店舗設置義務付け … 108
千葉県・市川市	市川市工業地域等における大型マンション等建築事業の施行に係る事前協議の手続き等の特例に関する条例	特定地域では大型マンション等の建設に事前協議前の相談を義務付け／中止・変更勧告をも … 109
神奈川県・川崎市	川崎市建築行為及び開発行為に関する総合調整条例	建築・開発行為の計画段階から関係住民への説明を義務付け／罰則も … 110
神奈川県・横須賀市	特定建築行為に係る基準及び手続ならびに紛争の調整に関する条例	開発事業者に公園や集会施設・ゴミ集積所などの公共公益的な施設の整備を義務付 … 111
東京都・新宿区	新宿区ワンルームマンション等の建築及び管理に関する条例	30戸以上では高齢化対応や家族向け住宅を付置義務化 … 112
東京都	東京のしゃれた街並みづくり推進条例	住民主導で市街地景観整備へ／都が重点地区を指定 … 113

土・木

鳥取県	鳥取県採石条例・砂利採取条例	採石・砂利採取の二つの分野での条例制定は全国初 … 114

農林水産

滋賀県	滋賀県環境こだわり農業推進条例	農薬・化学肥料の使用量半減化の農業者に助成制度／全国初 … 115
山形県・藤島町	藤島町人と環境にやさしいまちづくり条例	消費者に信頼される農業の町へ／遺伝子組み換え農産物栽培を規制、全国初 … 116
秋田県・象潟町	象潟町松くい虫から町をまもる条例	松くい虫の被害防止や防除、植林に町民の協力を規定 … 121
長崎県	人と環境にやさしい長崎県農林漁業推進条例	法令違反の薬品使用に出荷停止を勧告／農林水産物の生産過程の履歴も表示 … 124
徳島県・上勝町	上勝町森林農地適正管理条例・森林農地適正管理基金条例	全国初、森林・農地保全へ担い手を全国公募／寄付金や一般財源から基金も … 125
宮城県	みやぎ海とさかなの県民条例	県に水産業振興基本計画の策定を義務付け／議会の議決で計画決定、議員提案で … 129
愛媛県	愛媛県漁業者等ホルマリン使用等禁止条例	漁業でのホルマリン使用禁止／違反者には罰金、議員提案で … 130
愛媛県・明浜町	明浜町沿岸域の環境保全に関する条例	水産動物の薬浴や漁網、漁業施設の消毒にホルマリン使用を禁止／市町村で初めて … 131

福祉

石川県	石川県バリアフリー社会の推進に関する条例	改正ハートビル法を受け独自に拡充／新築学校もバリアフリー義務化 … 134
栃木県・足尾町	足尾町失業者生活資金貸付条例	失業した町民を対象に無利子無担保で生活資金貸付を条例化 … 135
千葉県・流山市	流山市民福祉活動事業運営資金貸付条例	法人格の無いNPO団体にも新規事業補助／500万円を限度に貸付 … 138
愛知県・高浜市	高浜市居住福祉のまちづくり条例	「住環境が福祉の基礎」という考え方で「居住福祉」を規定／全国初 … 139
東京都・江東区	江東区成年後見制度利用支援条例	福祉サービスなどの契約を代行する成年後見人の報酬を独自に助成 … 140

保健・衛生

大分県	大分県公衆浴場法施行条例（改正）	レジオネラ感染症防止対策で検査と報告を義務付け／違反施設や内容を公表 ………… 141
宮城県・塩竈市	塩竈市ペット火葬場等の設置等に関する条例	ペット火葬場の建設を許可制に／隣接土地所有者の同意を義務付け ………………… 142

その他

東京都・杉並区	杉並区長の在任期間に関する条例	区長の多選自粛、在任期間は通算3期12年まで／全国初 ………………………… 143
青森県・深浦町	深浦町出逢いめぐり逢い支援条例	住民の定住対策に結婚推進委員制度を創設／婚姻が成立して居住には報奨金 ……… 144
東京都・八王子市	八王子捨て看板防止条例	捨て看板の防止へ広告主に撤去費用を請求、罰金も／全国初 …………………………… 146
東京都・板橋区	板橋区長等の退職手当に関する条例（改正）	首長の退職手当を廃止、1任期の時限措置／全国の自治体で初めて ………………… 147

資 料 編

1998年〜2002年に制定された全国の特長的・先進的地方自治体条例一覧 …………… 149
1998年に制定された条例一覧 …………………………………………………………… 151
1999年に制定された条例一覧 …………………………………………………………… 155
2000年に制定された条例一覧 …………………………………………………………… 161
2001年に制定された条例一覧 …………………………………………………………… 169
2002年に制定された条例一覧 …………………………………………………………… 176

監修にあたって

　この2004年版では、2003年1月から12月までに制定された注目すべき110の条例を選択し、項目別に収録している。今年からタイトルを変え、「新条例集」から「新条例解説集」とした。今では自治体のホームページも充実してきており、全ての都道府県、大部分の市では「例規集」などから条文をダウンロードすることができる（町村はまだ少ないが）。そこで、ホームページに条文が掲載されている場合は、アドレスと条例解説に留め、掲載されていない場合のみ従来どおり条例全文を収録した。

　これまでの「条例集」の読者には、手間が増え不便さを感じられるかもしれない。他方で、条例解説文をより詳細なものにし、備考欄を設け「類似条例」を列挙し、価格も6割下げた。さらに巻末に資料として、1998年から収録した554条例の一覧をつけ加えた。全体として、「自治体の情報革命」の時代にふさわしい、ホームページとリンクした条例解説集としてリニューアルを試みた。事務室の中央の本棚を占める大仰な「法令・法規集」ではなく、できるだけ多くの現場で手引書として利用されることを願っている。

　この2004年版には次の4つの重点項目があるように思われる。

　第一に、産業廃棄物関係（産廃税も含めて）の条例制定、栖川村水源地域環境保全条例・木曽森林保全基本条例・森林環境保全基金（高知県）など自然環境保全に関する条例が多く制定されていることであろう。農薬・化学肥料の半減化を進める滋賀県環境こだわり農業推進条例なども併せて考えると、昨年3月に京都で開催された「第三回世界水フォーラム」の意義が思い起こされる。琵琶湖水系の自治体と市民が中心となって、多くのワークショップが現地で開催され、自然環境保全の緊急性が世界共通の認識となりつつある。

　第二に、同じ環境政策に属するが、都市計画に関係する条例の制定である。これは2001年5月、改正都市計画法が施行され、自治体が条例により、地域の特性を考慮した開発許可の技術および最低敷地規模などの基準を定めることが可能になったこと、さらに開発許可制度が自治事務として位置付けられたことなどが背景にある。環境先進地域のEUでは、「サスティナブルシティ」が今や環境政策の中心となり、日本でも「環境共生の都市づくり」として関心を呼んでいる。これからもこの分野での新しい条例作りが期待される。

　第三に、志木市民との協働による行政運営推進条例や、高知市民と行政パートナーシップのまちづくり条例など、パートナーとしての行政と市民の関係を整備する条例制定が進んでいる。市民参加条例や自治基本条例など自治の基本にかかわる条例制定もこの領域に属する。「ガバメント（統治）からガバナンス（協治）へ」といわれる市民自治の流れは、日本でも条例化されつつある。

　最後に、課税自主権や自治体の財政主権など、財政の分権化をめぐる本格的な議論が始まっている。条例としてはまだ限定されているが、これからの最大の課題の一つであることは間違いがない。

　この4つの領域においても、日本の自治体の条例制定とグローバルな展開はリアルタイムでつながっている。手引書としてのこの「新条例解説集」がますます重要となると監修者として確信している。

住沢博紀（自治体議会政策学会　日本女子大学教授）

高知県

高知県特定非営利活動法人に係る県税の課税免除に関する条例

▶県民税均等割りは収益事業を行っていても無期限免除／全国初

2003年（平成15年）4月1日施行

　高知県は全国で初めて、NPO支援の公益信託制度を創設したが、新たな支援策として、課税免除を条例で制定した。この条例では、NPOに課税される県民税の均等割りは、収益事業を行っていてもその収益をNPO法人が定款で定めている事業（以下当該事業という）に充てていれば、期限を設けずに課税免除としている。NPOが物品販売や請負などの収益事業を行っていると、その所得に国税である法人税と県民税の法人割に加えて、均等割りも課税される。この均等割りの課税免除の条例は多いが、大半は「設立後3年以内」など期限を定めており、無期限としたのは高知県が全国で初めて。

　不動産取得税についても不動産を無償で譲り受けたときは、そのNPO法人の当該事業用の不動産はもちろんのこと、当該事業にその収益を充てるための収益事業用の不動産も取得税は免除としている。

　自動車取得税については、当該事業の用に供する自動車を無償で譲り受けたときは、取得税は免除となる。収益事業用の自動車は当該事業にその収益を充てるための自動車であっても免除とならない。

　自動車税については、保育所を除く社会福祉法で規定する社会福祉事業と、介護保険法で規定する指定居宅サービス事業者の事業、及びこれらに類するものとして規則で定める事業の用に供する自動車の税は免除となる。収益事業用は免除とならない。

条例本文は下記ホームページの例規集にあります。

HP：http://www.pref.kochi.jp/

高知県

県　　庁：〒780-8570　高知県高知市丸ノ内1-2-20（下車駅　土讃線　高知駅）	人　　口：819,252人 世 帯 数：332,432世帯 面　　積：7,104.54km^2 人口密度：115.31人／km^2
電　　話：(088) 823-1111	

備考欄

類似条例
　宮城県特定非営利活動法人に対する県税の免除に関する条例
　（2001年7月10日施行）
　岐阜県特定非営利活動法人に対する岐阜県税の特例に関する条例
　（2001年12月21日施行）

参考
　高知県社会貢献活動推進支援条例
　（1999年4月1日施行）

兵庫県

環境の保全と創造に関する条例

▶排ガスに含まれる窒素酸化物（NOx）も運行規制の対象に／全国初

2003年（平成15年）10月10日公布

　この条例は、兵庫県の環境に関する各分野の基本的施策を示すものとして166の条文で構成されている。自動車公害の防止については、排ガスに含まれる窒素酸化物（NOx）や粒子状物質（PM）の排出基準を満たさないディーゼル乗用車やトラックなどの走行規制を東京都などが設けているが、NOxを含めたものとしては全国初。

　「自動車NOx・PM法」が02年10月に改正され、兵庫県など8都府県を対象地域に指定し、トラック、バスと乗用車のディーゼル車で、PMとNOxの排出基準を満たさない車の車検登録を認めないこととした。

　兵庫県の条例では、県内の阪神間を中心に、11市2町の対象地域内に登録されている車を規制している。

　この条項に対しては、罰則規定が設けられ、「窒素酸化物等対策地域」で排出基準を満たさない車を運行させた場合、20万円以下の罰金。知事の条例遵守命令に違反した場合も同様に20万円以下の罰金（第163条）となっている。

　また荷主等に対しても、運送事業者との契約内容の見直しなど、条例遵守のための措置をとるよう勧告できる（67条）ことが明記されている。

条例本文は下記ホームページの例規集にあります。

HP：http://web.pref.hyogo.jp/

兵庫県

県　庁：〒650-8567　兵庫県神戸市中央区下山手通5-10-1（下車駅　神戸線　阪神電鉄元町駅）	電　話：(078) 341-7711 人　口：5,550,419人 世帯数：2,137,659世帯 面　積：8,392.42km^2 人口密度：661.36人／km^2

備考欄

　同県の一部が自動車NOx（窒素酸化物）・PM（粒子状物質）法の対策地域。自動車NOx法では尼崎、西宮、芦屋、伊丹、宝塚、川西の6市が「特定地域」だったが、改正した自動車NOx・PM法では「対策地域」に名称を変更、新たに姫路、明石、加古川、高砂の4市と加古郡播磨町、揖保郡太子町が指定された。既に埼玉、千葉、東京、神奈川の4都県ではディーゼル車の運行規制が条例化されている。東京が全国に先駆けて条例化し、近隣3県も追随したが、近畿での動きは初めて。

群馬県 太田市

太陽光のまち・おおた発電システム導入奨励金支給条例

▶太陽光発電助成、既存の住宅にも拡大

2003年（平成15年）12月22日公布

「太陽光発電のまち」を目指す太田市は、環境に対する市民意識を高めるとともに、環境への負荷の少ないクリーンエネルギーの普及促進に寄与することを目的（第1条）に、新築、既存を問わず、住宅に太陽光発電システムを設置したり増設したりする市民に対し、最高40万円の奨励金を支給する条例を制定した。

市はこれまで、国の住宅用太陽光発電導入促進事業の助成を前提に、住宅を新築、または新築の建て売り住宅を購入した市民が太陽光発電システムを設置した場合に、補助金を支給していた。条例化により、制度を拡充して、対象を拡大、既存住宅を含めて補助金を支給する。

支給については、設置したシステムの最大出力により補助額が異なっており、①1kW以上2kW未満10万円　②2kW以上3kW未満20万円　③3kW以上4kW未満30万円　④4kW以上40万円（第4条）を市内で使用出来る金券で支給（第7条）。増設の場合は、既設部分を含めて10kW未満の者を対象（第3条）としている。

また、賃貸や売却を目的とした住宅にシステムを設置した者や奨励金申請時に、市町村税の滞納のある者は、支給対象から除かれ（第3条）、奨励金の支給を受ける権利の譲渡や担保とすることは禁止（第9条）されている。

なお、この条例は07年3月31日限りで効力を失うことが、附則に明記されている時限条例である。

条例本文は下記ホームページの例規集にあります。

HP：http://www.city.ota.gunma.jp/

群馬県・太田市

市 役 所：〒373-8718　群馬県太田市浜町2-35　（下車駅　東武鉄道　太田駅）	面　　積：97.96km^2　人口密度：1,460.70人／km^2　特産品：輸送・電気機器、ニット製品、いちご
電　　話：(0276) 47-1111　人　　口：143,091人　世帯数：52,682世帯	観　　光：金山、天神山古墳、七福神めぐり

備考欄

地方公共団体による太陽光発電助成制度

全国で、補助制度があるのは235団体。このうち融資による助成が11団体。補助金制度は9県、融資制度は3県が実施しているが、あとは、市区町村の制度による助成。このうち、国の補助にかかわらず助成を行っている自治体は、59団体となっている。

（2003年度太陽光発電協会の資料による）

山口県 山口市

山口市の生活環境の保全に関する条例

▶犬・猫のふん放置や放置自動車、廃棄物の投棄などに罰則

2003年（平成15年）9月30日公布

　山口市は、「あき地の環境を守る条例」「環境保全条例」「空き缶等の散乱防止条例」の3条例を廃止し、市民が安全かつ快適な生活を営むことが出来るよう、生活環境全般を保全するための条例を制定した。

　緑化をはじめ、開発行為の規制、あき地の適正管理、廃棄物等の投棄及び放置の禁止、自動販売機による販売者の責務、印刷物等の散乱の防止、放置自動車の禁止、静穏の保持、悪臭の防止、動物所有者の責務など、多岐にわたるものとなっている。

　特に猫のふんに関して、「公共の場所または他人が所有する土地、建物などを汚さない」（第42条）とするふん放置禁止の規定は全国でも珍しい。

　罰則については、放置自動車撤去命令違反者は20万円以下の罰金（第48条）、自動販売機による販売者の適正管理命令違反に対しては5万円以下の罰金（第49条）、廃棄物投棄者やふん放置者で汚損回復命令に従わない者は2万円以下の罰金（第50条）と規定。

　市長は関係者に対して、必要な事項について報告を求めたり、土地・建物などへの立ち入り検査ができ（第45条）、違反について、その旨を公表することもできる（第46条）。

　また、生活環境の保全を推進するため、調査、監視及び指導を行うための環境美化協力員の設置（第44条）についても規定している。

条例本文は下記ホームページの例規集にあります。

HP：http://www.city.yamaguchi.yamaguchi.jp/

山口県・山口市

市役所：〒753-8650　山口県山口市亀山町2-1　（下車駅　山陽新幹線　新山口駅　山口線　山口駅）	世帯数：55,732世帯
電話：(083) 922-4111	面積：356.90km^2
人口：137,928人	人口密度：386.46人／km^2
	特産品：山口萩焼、大内塗、外郎
	観光：湯田温泉、常栄寺雪舟庭、山口ザビエル記念聖堂

備考欄

類似条例
石橋町環境美化条例
（2002年7月1日施行）
門真市美しいまちづくり条例
（2001年10月1日施行）

愛媛県
宇和島市

きれいなまち宇和島をみんなでつくる条例

▶ごみが投棄されたら占有者の責任／不法投棄の情報提供に賞賜金

2003年（平成15年）3月24日公布

宇和島市は、ごみの不法投棄、廃自動車の放置など地域環境を害する行為を防止し、きれいな市を実現するために、市と市民や事業者などの責務を定めた。

条例では、たばこの吸殻や空き缶などのポイ捨て、時間外のごみだし、落書きなどを禁じている。第7条では、占有者の責務として、占有者が管理する土地や建物を清潔に保ち、除草や囲いの設置など、ごみの不法投棄ができないような措置を講ずることとした。第2項ではその土地に廃棄物が投棄された場合は、占有者が自らの責任で処理しなければならないとしている。第12条では、落書きの禁止を規定し、第2項で落書きが地域の良好な生活環境を損なう状況にあるときは、その土地や建物の管理者の責任で清浄するとした。

不法投棄や、自動車の放置者が命令に従わないなどの悪質な場合は氏名の公表や5万円の過料、吸殻や空き缶のポイ捨て者には2万円の過料とした。また、第15条では不法投棄者を発見した市民や地域団体は市長に情報提供をし、不法投棄者が確認された場合は情報提供者や団体に賞賜金（1万円）を交付するとした。市長は不法投棄や放置自動車などの撤去を命じ、これに従わない場合は、30万円以下の罰金としている。この他、罰則を各禁止条項に設け、実効性を持たす条例とした。

環境

条例本文は下記ホームページの例規集にあります。

HP：http://www.city.uwajima.ehime.jp/Cgi-bin/odb-get.exe?WIT_template=AM02000

愛媛県・宇和島市

市役所：〒798-8601
　　　　愛媛県宇和島市曙町1番町
　　　　（下車駅　予讃線　宇和島駅）
電　話：（0895）24-1111
人　口：60,704人
世帯数：26,065世帯
面　積：143.36km²

人口密度：423人／km²
特産品：かまぼこ・じゃこ天、宇和島みかん、唐饅頭、郷土玩具
観　光：宇和島城天守閣、天赦園、観光闘牛、日振島・沖の島、薬師谷渓谷

備考欄

類似条例
　石橋町環境美化条例（2002年7月1日施行）
　桐生市不法投棄防止条例（2001年4月1日施行）

岐阜県

岐阜県希少野生生物条例

▶保護区の中で特に重要な区域については立ち入り制限地区に指定

2003年（平成15年）3月19日公布

岐阜県では「岐阜県の絶滅の恐れのある野生生物—岐阜県レッドデータブック」を公表し、400種の希少種を保護する要綱を制定していたが、県民等との協働をうたった罰則のある条例とした。

この条例では、「指定希少野生生物保護区」を知事が指定して、この区域内で特に個体の生息又は生育の為に必要な場所を「立ち入り制限地区」指定できるとした。指定にあたって知事は、土地の所有者又は正当な権原を有する占有者の同意を得なければならない。指定されると「保護区」よりも厳しい制限があり、非常災害時や通常の管理行為又は規則で定める軽易な行為以外は、何人も立ち入ってはならない。違反して立ち入ると6ヶ月以下の懲役又は50万円以下の罰金となる。

県民等との協働を進めて「保護整備事業計画」を定めたことも特徴的。知事は希少野生生物の保護に熱意と識見を有するものから、「野生生物保護推進員」を委嘱し、生息状況等を調査してもらう。この「推進員」の助言・指導等の支援のもとに活動する「野生生物保護支援員」又は「野生生物保護支援団体」を認定する。知事は「支援員」等からの提案又は知事が必要と認めるときは、関係「推進員」や関係市町村などの意見を聴いて「保護整備事業計画」を定め、保護整備事業を実施する。第11条、第12条では指定希少野生生物の生きている個体は、捕獲、採取、殺傷又は損傷してはならず、違法に捕獲した希少生物の譲渡や取引に関しての罰則は1年以下の懲役または100万円以下の罰金となっている。

条例本文は下記ホームページの例規集にあります。

HP：http://www.pref.gifu.jp

岐阜県

県　庁：〒500-8570　岐阜県岐阜市薮田南2-1-1　（下車駅　東海道本線　岐阜駅）	人　口：2,109,013人
電　話：(058) 272-1111	世帯数：687,089世帯
	面　積：10,598.18km^2
	人口密度：119.00人／km^2

備考欄

　本条例と同様に県民参加での希少野生生物保護の条例は、03年3月に全面改正された「三重県自然環境保全条例」がある。同条例第19条で、県民又は県内の法人は、指定希少野生動植物種の指定または解除の申出ができるとされている。全国で希少野生動植物の指定を行っている県は8県あるが、県民が申請できるようにしたのは三重県が初。

　同条例本文は、三重県のHP（www.pref.mie.jp）の例規集に掲載

笠岡市カブトガニ保護条例

▶カブトガニを保護／生息環境乱す行為を禁止

岡山県
笠岡市

2003年（平成15年）6月30日議決

瀬戸内海から九州北部の遠浅の海に生息するカブトガニは「生きている化石」と言われている。2億年も前に繁栄し、現在も当時の原始的な形態を残している。このような生物が姿を変えずに生き続けたのは、大昔から現在まで同じ環境に暮らしていたことや産卵の習性などが理由とされている。卵は7月、8月の大潮時に入り江の河口付近の砂の中10～15cmの深さに産み付けられ、外敵が少なく、干潟の砂地の通気性や高温が孵化に都合がよい環境とされている。

笠岡市のカブトガニの生息地は、特に有名で、同市の生江浜（おえはま）海岸の生息地が「天然記念物カブトガニ繁殖地」として、1928年（昭和3年）に国の指定をうけた。その後、埋め立てによる干潟の減少や水質汚染により繁殖地内でのカブトガニは激減していることから、同市では、豊かな自然を象徴する生物として、将来にわたって市民共有の財産として保護することを目的に条例を制定した。

条例では、市の責務として同市立カブトガニ博物館において幼生の大量飼育を実施、繁殖地内の自然海域に放流を行うことや、保護の必要性を市民に啓発すると規定。繁殖地域内において、あさり、えむし、アナジャコ等の潮干狩りなど生息環境を乱す行為を禁止。繁殖地以外でもカブトガニの捕獲、卵の採取を禁じている。また、細かな泥をスクリューで巻き上げ沖に流してしまわないよう、繁殖地域を航行する船舶に対して、航跡波の影響を抑制するため減速すること求めた。

環境

条例は次ページにあります。

HP：http://www.city.kasaoka.okayama.jp/

岡山県・笠岡市

市 役 所：〒714-8601
　　　　　岡山県笠岡市笠岡1876-1
　　　　　（下車駅　山陽本線　笠岡駅）
電　　話：(0865) 63-2111
人　　口：59,235人
世 帯 数：21,950世帯

面　　積：135.97km^2
人口密度：435.64人／km^2
特 産 品：桐下駄、吉備焼、はと麦茶、
　　　　　はと麦みそ
観　　光：白石島、真鍋城跡、カブトガニ博物館

備考欄

特定の生物保護を規定した参考条例（過去の条例集に収録）
　美山町ホタル保護条例（1998年4月1日施行）
　江南町ホタルの保護に関する条例（1998年9月10日施行）
　守山市ホタル保護条例（1999年4月1日施行）
　赤村ホタル保護条例（1999年9月27日施行）
　朝日町の花ヒメサユリの保護に関する条例（2001年9月25日施行）

笠岡市カブトガニ保護条例

(目的)
第1条　この条例は、本市に生息するカブトガニが豊かな自然環境を象徴する生物で、学術的及び文化的価値を有する貴重な存在であることにかんがみ、市及び市民等(市民及び滞在者並びに関係団体をいう。以下同じ)が一体となってその保護を図り、もって将来にわたり市民共有の財産として継承することを目的とする。
(市の責務)
第2条　市は、カブトガニの保護を図るため、適切な施策を策定し、これを実施するものとする。
2　市は、カブトガニの個体数増加を目的として、笠岡市立カブトガニ博物館において幼生の大量飼育を実施し、天然記念物カブトガニ繁殖地(昭和46年文部省告示第150号で指定された区域をいう。以下「繁殖地」という。)内の自然海域に放流を行うとともに、その生存率を高めるための研究を進めるものとする。
3　市は、カブトガニの保護の必要性について、市民等の理解を深めるため、教育啓発活動、広報活動等を行うものとする。
(カブトガニ保護啓発月間)
第3条　市は、カブトガニの保護について、市民等の理解を深めるため、カブトガニ保護啓発月間を設け、普及啓発を行うものとする。
(市民等の責務)
第4条　市民等は、カブトガニの保護に努めるとともに、第2条第1項に規定する市が実施するカブトガニの保護に関する施策に協力しなければならない。
(行為の禁止)
第5条　繁殖地内では、何人もカブトガニの生息環境を乱す行為をしてはならない。ただし、文化財保護法(昭和25年法律第214号)第80条第1項の規定による文化庁長官の許可又は同法第91条第1項及び第2項の規定による文化庁長官の同意を得た場合は、この限りでない。
第6条　繁殖地以外においても、何人もみだりにカブトガニの捕獲(殺傷する行為を含む。)又は海岸に産卵されたカブトガニの卵の採取(き損する行為を含む。)をしてはならない。ただし、学術研究等公共目的に伴う行為は、この限りではない。
(行為の制限)
第7条　繁殖地内を航行する船舶は、航跡波の影響を抑えるため減速に努めなければならない。
(監視員の設置)
第8条　市は、カブトガニの保護にあたらせるため、カブトガニ保護監視員を置くものとする。
(委任)
第9条　この条例に定めるもののほか、必要な事項は、規則で定める。

　　附則
この条例は、公布の日から施行する。

岐阜県 岐阜市

岐阜市自然環境の保全に関する条例

▶絶滅危惧種の無断捕獲や採取に罰金／特別保全地区での開発行為も規制

2003年（平成15年）3月31日公布

　岐阜市は、自然と共生するまちづくりを推進することを目的として、貴重野生動植物や自然環境保全地区を指定し、無断での捕獲や採取、開発行為を禁止する条例を制定した。

　条例では、市長は環境審議会の意見を聴き、貴重野生動植物種を指定できると規定。同種の生きている個体を捕獲、採取、殺傷などを行う者は、市長の許可を得なければならないとした。また、貴重野生動植物種の保護のため、自然環境の保全が特に必要な地域を「特別保全地区」に指定。建築物等の新築、増改築、宅地の造成、土石等の採取等の開発行為も市長の許可を受けなければならないと定めた。許可を受けずに貴重野生動植物の捕獲や採取、また特別保全地区内での開発行為に対して、市長は中止や、原状回復の措置を命ずるとしている。命令に違反した者に対しては50万円以下の罰金に処するとしている。

　同条例の規則でヒメコウホネ、ホトケドジョウ、カスミサンショウオの3種を貴重野生動植物種に指定した。岐阜市版レッドデータリストで絶滅危惧Ⅰ類に分類されたうち、他法令で保護されていない種で特に希少な種が選定された。

　このほか条例では、移入種の放逐の禁止や、自然環境保全活動団体の承認、保全地区に監視員を設置することなどが盛り込まれている。

環境

条例本文は下記ホームページの例規集にあります。

HP：http://www.city.gifu.gifu.jp/

岐阜県・岐阜市

市 役 所：〒500-8701 　　　　　岐阜県岐阜市今沢町18 　　　　　（下車駅　東海道本線　岐阜駅）	面　　積：195.12km² 人口密度：2,056.52人／km² 特 産 品：アパレル製品、鮎、もみじがに、和傘
電　　話：(058) 265-4141 人　　口：401,269人 世 帯 数：148,522世帯	観　　光：長良川と鵜飼、長良川温泉、岐阜城

備考欄

類似条例
　岩手県希少野生動植物の保護に関する条例（2002年3月29日公布）
　佐賀県環境の保全と創造に関する条例（2003年4月1日施行）
　大和村（鹿児島県）における野生生物の保護に関する条例（2001年6月22日施行）
　哲多町（岡山県）自然景観及び希少植物等保護に関する条例（2001年6月22日施行）

兵庫県

兵庫県産業廃棄物等の不適正な処理の防止に関する条例

▶廃自動車、使用済みタイヤ、家電も対象に／産業廃棄物の不法投棄防止を条例化

2003年（平成15年）12月15日施行

　兵庫県は産業廃棄物の不法投棄総量が、同県内で5年間に約80倍にも急増していることや、2001年家電リサイクル法の施行後、家電の不法投棄も目立つことから、産業廃棄物の不法投棄を防止する条例としては、全国で初めてテレビや冷蔵庫など使用済み家電も対象とした条例を制定した。

　条例では、産業廃棄物を排出する事業者は、面積が100平方m以上の土地で、廃棄物を保管しようとする場合は保管の届出を義務化した。また、使用済み自動車20台以上、使用済み自動車タイヤ100本以上、使用済特定家庭用機器100台以上を100平方m以上の土地に保管することを特定物の「多量保管」と定義。産業廃棄物と同様に届出が義務付けられた。

　土地所有者に対しては、所有地で産業廃棄物の不適正な処理が行われているときは改善措置を講じなければならないと責務を定めた。

　廃棄物処理基準や特定物保管基準に適合していない処理が行われている場合は、保管者に対して搬入一時停止命令や除去命令を行う。措置命令に違反した者には、6月から2年以下の懲役もしくは30万円から100万円以下の罰金に処すとされた。

　保管者に資力等の能力を欠いている場合、土地所有者に対して除去等を命じ、従わないときは保管者と同様に罰則が適用される。

条例本文は下記ホームページの例規集にあります。

HP：http://web.pref.hyogo.jp/

兵庫県

県　　庁：〒650-8567 　　　　　兵庫県神戸市中央区下山手通 　　　　　5-10-1 　　　　　（下車駅　神戸線　阪神電鉄 　　　　　元町駅）	電　　話：(078) 341-7711 人　　口：5,550,419人 世 帯 数：2,137,659世帯 面　　積：8,392.42km^2 人口密度：661.36人／km^2

備　考　欄

類似条例
　鳥取県廃自動車等の適正な保管の確保に関する条例（2001年10月1日施行）

愛知県 名古屋市

名古屋市産業廃棄物等の適正な処理及び資源化の促進に関する条例

▶産業廃棄物の減量化へ建設汚泥の再資源化に基準／全国初

2003年（平成15年）12月25日公布

名古屋市は、産業廃棄物の不法投棄の防止と適正処理、資源化による減量を進めていくことを目的として条例を制定した。

条例では、事業者の責務として、産業廃棄物の発生の抑制、資源化による減量に努めることや、リサイクル可能物を資源化する者に引き渡すまで、適正に保管することを盛り込んだ。

第3章「建設工事に係る産業廃棄物の適正な処理及び資源化」(第13条－第16条)では、建設工事の発注者は、施工に伴って発生した産業廃棄物の資源化に要する費用の負担に努め、受注者と資源化に関し十分な協議を行なわなければならないと定めた。また、工事に伴って生じた建設汚泥（掘削工事で排出される、含水率が高く粒子が微細な泥状で、無機性のもの）の再利用を行う者は、規則で定める再生利用に関する基準を遵守し、あらかじめ、建設工事の名称、場所などの事項を市長に届け出ることとしている。

同市内で発生する産業廃棄物は年間約240万トン。建設汚泥は、約110万トンのガレキ類に次いで2番目の約59万トンだが、法的な再利用の基準がないことから、大部分が最終処分場に埋め立てられている。条例の制定により、建設汚泥の資源化が産廃減量化の有効な手段として位置付けられた。

条例本文は下記ホームページの例規集にあります。

環境（廃棄物）

HP：http://www.city.nagoya.jp/

愛知県・名古屋市

市 役 所：〒460-8508 愛知県名古屋市中区三の丸3-1-1 （下車駅　東海道本線　名古屋駅から地下鉄市役所駅）	世 帯 数：899,570世帯
	面　　積：326.45km^2
	人口密度：6,485.20人／km^2
	特 産 品：有松・鳴海絞、きしめん、名古屋コーチン
電　　話：(052) 961-1111	
人　　口：2,117,094人	観　　光：名古屋城、熱田神宮、東山動物園

備考欄

条例目次

- 第1章　総則（第1条－第5条）
- 第2章　事業者の義務（第6条－第8条）
- 第3章　産業廃棄物処理業者の義務（第9条－第12条）
- 第4章　建設工事に係る産業廃棄物の適正な処理及び資源化（第13条－第16条）
- 第5章　産業廃棄物処理施設等の設置者等の義務等
  - 第1節　産業廃棄物処理施設等に関する信頼性の向上（第17条－第19条）
  - 第2節　小規模産業廃棄物焼却施設の設置の届出等（第20条－第28条）
  - 第3節　産業廃棄物等の適正な保管（第29条－第31条）
  - 第4節　事故時の措置（第32条）
- 第6章　土地の適正な管理（第33条）
- 第7章　手数料（第34条）
- 第8章　雑則（第35条・第36条）
- 第9章　罰則（第37条－第43条）
- 附則

京都府 京都市

京都市産業廃棄物の不適正な処理の防止等に関する条例

▶産廃搬入を即時停止へ／強制執行を可能に、全国初

2003年（平成15年）12月26日公布

京都市は産業廃棄物の搬入で環境悪化の恐れが強い場合、市が搬入停止を即時に執行できる全国初の規定を盛り込んだ条例を制定した。

条例では、搬入を停止させるための措置として「産業廃棄物又はその疑いのある物が不適正に処理されるおそれがあるときは、搬入停止を命じることができる」と規定。「緊急時には支障の拡大防止のため、搬入を停止させるために必要な措置をとることができる」と定めた。行政の強制執行を盛り込んだ産廃関連条例は全国で初めてとなる。

条例ではそのほか、事業者に対して産業廃棄物の保管用地の届け出や運搬指示票の作成、携行を義務とした。また、産業廃棄物の処理施設の設置者に対しては、施設の維持管理に関する記録を作成し、周辺住民や利害関係者に閲覧させることを義務付け、周辺住民への施設公開も責務として定めた。土地所有者に対しては、適正な処理を行うよう勧告するとともに、悪質な土地所有者には支障の除去を命ずることができるとしている。

違反者には6ケ月から1年以下の懲役又は30万円から300万円の罰金が科せられる。

条例本文は下記ホームページの例規集にあります。

HP：http://www.city.kyoto.jp/koho/

京都府・京都市

市役所：〒604-8571 京都府京都市中京区寺町通御池上る上本能寺前町488番地 （下車駅　地下鉄　京都市役所前駅） 電　話：(075) 222-3111	人　　口：1,387,264人 世帯数：598,360世帯 面　　積：610.22km^2 人口密度：2,273.38人／km^2 特産品：西陣織、電子機器 観　　光：清水寺、嵐山、金閣寺、嵯峨野

備考欄

類似条例
- 土砂等の埋立規制で、停止命令と保証金の没収を条例化したのは板倉町。
  板倉町土砂等による土地の埋立ての規制に関する条例（2002年9月10日施行）
- 産廃業者に事業中止の勧告と罰則規定は香川県が初めて。
  香川県産業廃棄物の取扱いに関する条例（2001年12月12日公布）

宮崎県 佐土原町

佐土原町不法投棄防止条例

▶一般ごみ、産廃、廃家電の不法投棄防止へ、通報者に報奨制度

2003年（平成15年）12月25日公布

佐土原町は、多発する不法投棄の防止と早期発見を目的に、情報提供者に報償金を支払うことなどを盛り込んだ条例を制定した。

条例では、町は生活環境の保全を図るため不法投棄の早期発見、早期の情報入手に努めることを責務として定めた。また、清掃活動や不法投棄防止に関する活動を行う町民及び団体の活動を支援するとしている。

町民は、ごみ等の不法投棄や不法投棄者を発見したときは、速やかに町長に情報提供するものとしている。情報提供があった場合には、町長は迅速、適切に措置しなければならないとして、町に不法投棄対策担当を設置した。また、ごみ等の不法投棄と認められる土地・建物への立ち入り調査の権限も条例に盛り込まれた。

施行規則では、報償の対象となる情報提供は、一般廃棄物、産業廃棄物、家庭電気製品及び家具等を不法投棄した者を通報し、不法投棄者が判明、廃棄物の撤去が確認された場合に報償を行うとしている。報償の額は、1件あたり5,000円。同様の条例は、2001年4月に群馬県桐生市で施行されている。

環境（廃棄物）

条例本文は次ページにあります。

HP： http://www.town.sadowara.miyazaki.jp/

宮崎県・佐土原町

町 役 場：〒880-0297
　　　　　宮崎県宮崎郡佐土原町大字下田島20660
　　　　　（下車駅　日豊本線　佐土原駅）
電　　話：(0985) 73-1111
人　　口：33,789人

世 帯 数：12,438世帯
人口密度：594人／km^2
面　　積：56.84km^2
特 産 品：鯨ようかん、佐土原人形
観　　光：巨田神社、佐土原城跡、高月院

備考欄

類似条例
　桐生市不法投棄防止条例（2001年4月1日施行）
　八千代市不法投棄防止条例（2002年10月1日施行）

佐土原町不法投棄防止条例

(目的)
第1条　この条例は、町内において環境美化に対する意識啓発を行い、環境破壊並びに、ごみ及び再生資源の散乱原因となる不法投棄の防止に関し、必要な事項を定め、町、町民、滞在者等、事業者及び土地所有者が協力して清潔で「住みやすく、快適なまちづくり」を推進し、もって良好で美しい生活環境を確保することを目的とする。

(定義)
第2条　この条例において、次の各号に掲げる用語の意義は、それぞれ当該各号に定めるところによる。
(1) 町民　町内に住所を有する者をいう。
(2) 滞在者等　観光旅行者その他の滞在者及び町内を通過する者をいう。
(3) 事業者　事業活動を行う者をいう。
(4) 土地所有者　土地を所有、占有又は管理する者をいう。
(5) ごみ　事業又は家庭から出る一般ごみ等をいう。
(6) 再生資源　廃家電製品、空き缶、空きびん等資源として再生利用可能なものをいう。

(町の責務)
第3条　町は、佐土原町廃棄物の適正処理、減量化及び資源化等に関する条例(平成10年佐土原町　条例第3号)第3条に定める基本理念に則り、生活環境の保全を図るため不法投棄の早期の発見に努めなければならない。
2　町は、環境美化を保つため、不法投棄に対し、早期に情報の入手に努めなければならない。
3　町は、不法投棄と認められる事実を発見した場合は、関係機関と連携を図り、迅速かつ適切に対応しなければならない。
4　町は、町民、滞在者等、事業者及び土地所有者(以下「町民等」という。)に対し、不法投棄防止に関する意識の啓発を図らねばならない。
5　町は、清掃活動又は不法投棄防止に関する活動を行う町民及び団体等に対し、その活動を支援するよう努めなければならない。

(町民、滞在者等及び土地所有者の責務)
第4条　町民及び滞在者等は、環境美化活動に積極的に参加するとともに、町が実施する施策に協力するよう努めなければならない。
2　町民及び滞在者等は、生活環境の保全のため、ごみ及び再生資源(以下「ごみ等」という。)の散乱防止に努めなければならない。
3　土地所有者は、その所有、占有又は管理する場所において不法投棄をさせないよう防止に努めるとともに、不法投棄された場合には必要な措置を講ずるよう努めるものとする。

(事業者の責務)
第5条　事業者は、その事業活動により生じたごみ等の適切な処理を行い、不法投棄防止のため、必要な措置を講ずるよう努めるものとする。
2　事業者は、町が実施する不法投棄防止に関する施策に協力しなければならない。

(情報提供)
第6条　町民等は、ごみ等の不法投棄又は不法投棄者を発見したときは、速やかに町長に情報提供するものとする。

（措置）
第7条　町長は、町民等から不法投棄の情報提供があった場合には、速やかに関係機関と連携を図り、迅速かつ適切に措置をしなければならない。
（立入調査）
第8条　町長は、ごみ等の不法投棄と認められる土地又は建物に立入調査をすることができる。
2　前項の規定による立入調査の権限は、犯罪捜査のために認められたものと解釈してはならない。
（関係機関との連携）
第9条　この条例の実施に当たっては、必要に応じ、関係機関と連携を図るものとする。
（委任）
第10条　この条例に定めるもののほか、必要な事項は、規則で定める。

　　　附則
この条例は、平成16年4月1日から施行する。

佐土原町不法投棄防止条例施行規則

（目的）
第1条　この規則は、佐土原町不法投棄防止条例（平成15年条例第28号。以下「条例」という。）の施行に関し、必要な事項を定めることを目的とする。
（不法投棄対策担当の設置）
第2条　町長は、条例第6条に規定する町民等からの不法投棄の情報を処理するため、環境課に不法投棄対策担当者を置き、町内を定期的に巡回し、不法投棄の防止と早期発見に努める。
（情報の管理）
第3条　条例第6条に規定する町民等からの不法投棄の情報の管理は、不法投棄情報受付簿（様式第1号）によるものとする。
（措置）
第4条　町長が指定した職員（以下「指定職員」という。）は、町民等から不法投棄の情報の提供があった場合は速やかに現地に出向き、不法投棄の事実を確認し、必要な措置を講じるものとする。
2　指定職員は、不法投棄者が確認された場合は、関係機関と連携し、不法投棄者に対し、直ちに撤去するよう指導するものとする。
（報償）
第5条　条例第6条に規定する情報提供のうち、不法投棄と認められる情報の提供者に対し、不法投棄者が判明し、かつ、当該不法投棄物の撤去が確認された場合は報償を行うものとする。
2　報償の額は、一件当たり5,000円とする。
3　報償の対象となる情報提供は、環境保全に影響を与えると思われる、一般廃棄物、産業廃棄物、家庭電気製品及び家具等を不法投棄した者を通報した場合を対象とし、空き缶、空きびん等を不法投棄した者を通報した場合は除く。

（不法投棄立入調査）
第6条　町長は、指定職員を、条例第8条第1項に規定する立入調査をさせるものとする。
2　指定職員は、前項に規定する立入調査を行うに当たっては、その身分を証明する不法投棄立入調査員証（様式第2号）を携帯し、関係者から請求があったときは、これを提示しなければならない。
（委任）
第7条　この規則の施行に関し、必要な事項は、町長が定める。

　　　附　則
この規則は、平成16年4月1日から施行する。

兵庫県北但行政事務組合 北但行政事務組合廃棄物の処理に関する条例

▶不十分なゴミ分別に罰則規定／業者名公表や搬入禁止も

（豊岡市・城崎町・竹野町・日高町・出石町・但東町）

2003年（平成15年）7月1日施行

　北但行政事務組合は、兵庫県北部を流れる最大の河川・円山川流域に広がる豊岡盆地を中心に位置し、豊岡市・城崎町・竹野町・香住町・日高町・出石町・但東町の1市6町が、共通する事務の一部を共同処理することを目的として、1995年3月に設立。このうち、ゴミや屎尿処理の衛生事業は、香住町を除く1市5町で共同処理をしている。ごみ処理施設として北但清掃センターと北但最終処分場を運営しているが、6分別収集が始まった2002年4月以降、約4分の1がリサイクルできないとして返却され、焼却灰とともに最終処分場で埋め立てられていることから条例を制定した。

　これまでの条例では、廃棄物の処理施設の受け入れ基準として、①分別が適正に実施されたものであること　②指定した容器もしくは準じた容器で、搬入した内容が容易に確認できるもの　③関係市町内で発生した廃棄物であること　④施設の損傷のおそれや処理困難物が混入していないこと　⑤有毒性、爆発性、悪臭や人の健康、生活環境に悪影響を及ぼすおそれがあるものが混入していないことを条文で規定していたが、不十分な分別ゴミを搬入する業者が後を絶たないため罰則規定を盛り込んだ。

　改正条例では、指導に従わない搬入者に対して文書で警告。さらに、警告に従わない場合は、1ヶ月以内で搬入禁止にし、清掃センターや1市5町の役場などで搬入者の名前を公表するとしている。

環境（廃棄物）

条例本文は次ページにあります。

豊岡市
市 役 所：〒668-8666
　　　　　兵庫県豊岡市中央町2-4
人　　口：47,802人

城崎町
町 役 場：〒669-6195
　　　　　兵庫県城崎郡城崎町湯島448
人　　口：4,358人

竹野町
町 役 場：〒669-6292
　　　　　兵庫県城崎郡竹野町竹野1585-1
人　　口：5,993人

日高町
町 役 場：〒669-5391
　　　　　兵庫県城崎郡日高町祢布920
人　　口：18,734人

出石町
町 役 場：〒668-0292
　　　　　兵庫県出石郡出石町内町1
人　　口：11,500人

但東町
町 役 場：〒668-0393
　　　　　兵庫県出石郡但東町出合150
人　　口：5,890人

北但行政事務組合廃棄物の処理に関する条例

(趣旨)
第1条　この条例は、廃棄物の処理及び清掃に関する法律(昭和45年法律第137号。以下「法」という。)に基づき、北但行政事務組合(以下「組合」という。)が行う廃棄物の適正な処理に関し必要な事項を定めるものとする。
(一般廃棄物の処理計画)
第2条　管理者は、法第6条第1項の規定により毎年度の初めに、処理区内における一般廃棄物の処理計画を定めるものとする。
2　前項の処理計画を定めたとき又は処理計画を変更した時は、速やかにこれを告示するものとする。
(組合が処理できる産業廃棄物)
第3条　法第11条第2項の規定により組合が処理できる産業廃棄物は、固形状のもので、一般廃棄物とあわせて処理することができ、かつ、一般廃棄物の処理に支障のない範囲内の量のものとして、管理者が別に定める。
(処理施設の受け入れ基準の遵守)
第4条　一般廃棄物又は前条に規定する産業廃棄物(以下「廃棄物」という。)を組合の処理施設(北但行政事務組合北但清掃センターをいう。以下同じ。)へ搬入しようとする者は、次に掲げる処理施設の受入れ基準(以下「受入れ基準」という。)に従わなければならない。
(1) 第2条に規定する処理計画で定めた廃棄物の分別が適正に実施されたものであること。
(2) 搬入は、北但行政事務組合規約(平成7年兵庫県指令地第44号)第2条に規定する組合を組織する市町のうち香住町を除く市町(以下「関係市町」という。)が指定した容器若しくはこれに準ずる容器又は搬入したものの内容が容易に確認できるもので行うこと。
(3) 関係市町内で発生した廃棄物であること。
(4) 処理施設の設備及び機能に照らしその処理能力を超えた大きさ、硬さ等のため施設が損傷するおそれがあるものその他適正な処理が困難と認められるものが混入していないこと。
(5) 有毒性、爆発性、悪臭その他人の健康又は生活環境に悪影響を及ぼすおそれがある性状を有すると認められるものが混入していないこと。
(搬入物検査)
第5条　管理者は、廃棄物を処理施設へ搬入しようとする者に対し、受入れ基準に適合していることを確認するための検査(以下「搬入物検査」という。)を実施することができる。
(搬入者に対する措置)
第6条　管理者は、受入れ基準に違反して廃棄物を処理施設へ搬入した者に対し、指導、警告、搬入禁止、公表その他適正な廃棄物の処理及び処理施設の維持管理のために必要な措置(以下「搬入者に対する措置」という。)を講ずることができる。
2　前項に規定する搬入者に対する措置の内容は、次のとおりとする。
(1) 指導　搬入物検査により受入れ基準に適合しないものを搬入した場合、搬入物の適正な処理方法を指導する。
(2) 警告　前号に規定する指導に従わない場合、文書により警告する。
(3) 搬入禁止　前号に規定する警告に従わない場合、1か月を超えない範囲内において規

則で定める期間、搬入を禁止する。
　(4)　公表　前号に規定する搬入禁止の措置を受けた者がある場合、管理者は、その旨を公表する。
3　搬入者に対する措置の実施については、規則で定める。
　(委任)
第7条　この条例に定めるもののほか、この条例の施行に関し必要な事項は、管理者が定める。
　　　　附　則
(施行期日)
1　この条例は、平成14年4月1日から施行する。
(経過措置)
3　この条例の施行前にした改正前の北但行政事務組合廃棄物処理に関する条例の規定による徴収その他行為は、改正後の北但行政事務組合手数料条例の規定に基づいて実施したものとみなす。
　　　　附　則
この条例は、平成15年7月1日から施行する。

千葉県

千葉県里山の保全、整備及び活用の促進に関する条例

▶ボランティア団体の里山保全活動に地権者との協定制度を創設

2003年（平成15年）3月7日公布

千葉県は、里山の有する、環境の保全・災害の防止・良好な景観の形成・余暇及び教育活動の場の提供・伝統的な文化の継承などの多面的機能が持続的に発揮されることを目的に、県や県民、里山活動団体と土地所有者等の役割を明確にする条例を制定した。

近年、生活様式や農業生産方法などの変化により里山の良さが失われつつある中、里山活動団体の保全活動が地権者とのトラブルに至るケースもあり、保全活動に当たって、里山活動団体と土地所有者が「里山活動協定」を締結（第16条）する制度を創設したことが特徴である。

この協定で定める事項は　①協定の目的となる土地の区域　②協定において里山活動団体が行う里山の保全、整備及び活用に係る活動に関する事項　③協定の有効期間　④協定に違反した場合の措置　⑤その他必要な事項となっており、知事はあらかじめ、里山がある市町村長の意見を聴いた上、①当条例及び他の法令に違反しない　②協定の目的となる土地の区域が道路、公園その他公共の用に供する施設の予定区域でない　③協定内容が協定の目的となる土地の利用を不当に制限するものでない　④協定内容が里山の保全、整備及び活用の促進に資すると認められる　⑤協定にある活動が継続して行われると認められる場合、協定が適当である旨の認定を行う（第17条）。

また、県民の関心と理解を深め、参加意識を高めるため5月18日を里山の日とし、市町村と連携して事業を実施する（第8条）ことが明記されている。

条例本文は下記ホームページの例規集にあります。

HP：http://www.pref.chiba.jp/

千葉県

県　庁：〒260-8667　千葉県千葉市中央区市場町1-1（下車駅　内房線　本千葉駅）	人　　口：5,950,584人 世帯数：2,277,249世帯 面　　積：5,156.31km^2 人口密度：1,154.04人／km^2
電　話：(043) 223-2027	

備考欄

類似条例
　高知市里山保全条例（2000年4月1日施行）
　三重県自然環境保全条例（改正）（2003年4月1日施行）

環境（緑）

福岡県

福岡県議会の議員の報酬及び費用弁償等に関する条例（改正）

▶刑事事件の被疑者として逮捕の議員は報酬を停止

2003年（平成15年）12月26日施行

　福岡県議会は、刑事事件で逮捕、勾留された議員への報酬の支払いを停止することなどを目的に条例改正を行った。

　条例では、議長、副議長、委員長等及び議員が、刑事事件の被疑者又は被告人として逮捕・勾留され、その他身体を拘束する処分を受けて県議会の会議又は委員会を欠席したときは、欠席した日の属する月の報酬は、その支給を停止する（第3条2項）とした。

　また、有罪判決が確定した場合や、刑の執行として収監された場合、逮捕・勾留・収監など身体を拘束する処分を受けたことによって、県議会の会議又は委員会を欠席したときは、欠席した日の属する月の報酬は支給しない（同条4項）と定めた。

　さらに、公務災害や疾患など以外で、議員が連続する2回の定例会や定例会の間に開催される県議会の会議及び委員会のすべてを欠席した場合も、2回目の定例会の閉会日の翌月から報酬は支給しない（同条5項）とした。政治資金規制法違反で有罪判決を受けた元議員が議員を辞職するまで報酬が支払われたことへの批判に応えて条例を改正したもので、報酬の停止に係る刑事事件で、公訴されなかったり、無罪判決が確定した場合は解除するとしている。都道府県では初めての制定となる。市町村では、「本会議を1年間欠席で報酬停止」福岡県行橋市、「1年連続欠席で報酬半減」北海道砂原町、鹿部町、「3定例会連続欠席で半減」栃木県塩原町、「2定例会連続欠席で報酬停止」青森県鶴田町などがある。

条例本文は下記ホームページの例規集にあります。

HP：http://www.pref.fukuoka.jp/

福岡県

県　庁：〒812-8577　福岡県福岡市博多区東公園7-7　（下車駅　鹿児島本線　吉塚駅）	人　口：4,990,494人　世帯数：1,972,564世帯　面　積：4,972.57km^2
電　話：(092) 651-1111	人口密度：1,003.60人／km^2

備考欄

類似条例
　塩原町（栃木県）
　議会の議員の報酬及び費用弁償に関する条例（2000年4月1日施行）
　石橋町（栃木県）
　議会議員政治倫理条例（2002年5月1日施行）

岩手県

県行政に関する基本的な計画の議決に関する条例

▶基本計画の立案段階で議会に報告／議会の議決も義務付け

2003年（平成15年）10月3日議決

　岩手県議会は、県行政の基本的な計画などの策定を行う場合、立案段階から県民や議会の積極的な参加のもとで、わかりやすく実効性の高い計画の策定をすることを目的とする条例を、県議会各会派が共同で提案し制定した。

　対象となるのは、総合計画や環境基本計画、ひとにやさしいまちづくり推進指針、保健福祉計画、教育振興基本計画など15の計画や指針で、知事やその他の執行機関が、基本計画などの策定、変更、廃止をするにあたっては、議会の議決による承認を経なければならないと定めた。また、基本計画等を策定または変更しようとするときは、立案過程においても、基本計画等の案の概要などを議会に報告・説明するとともに、県民に公表して、県民などの意見が反映されるような措置を講じることも義務付けた。

　知事は年度ごとに基本計画等の実施状況を議会に報告し公表することや、議会が計画の変更や廃止が必要と認めるときは、知事等に意見を述べることができるとの規定も条文に盛り込まれている。

　議決を必要とする条例は、三重県と宮城県で制定されているが、立案段階の公表を求めるのは全国で初めてとなる。

条例本文は下記ホームページの例規集にあります。

HP：http://www.pref.iwate.jp/

岩手県

県　　庁：〒020-8570
　　　　　岩手県盛岡市内丸10-1
　　　　　（下車駅　東北本線　東北新幹線　盛岡駅）
電　　話：(019) 651-3111

人　　口：1,416,421人
世 帯 数：482,542世帯
面　　積：15,278.51km^2
人口密度：92.71人／km^2

備　考　欄

類似、参考条例
　議決事件以外の契約に議会の監視を規定した
　四日市議決事件に該当しない契約についての報告に関する条例
　（2002年4月1日施行）

鹿児島県
南種子町

南種子町南種子高等学校生徒就学援助費補助金条例

▶高校存続をかけ新入生に入学支度金／町外通学生には通学費や下宿費を補助

2003年（平成15年）4月1日施行

　南種子町は、少子化や鹿児島市内の高校への入学により定員割れが続く県立南種子高等学校の存続を図るため、下宿費の補助など資金的な援助により就学者の確保と同町の教育振興を図ることを目的に条例を制定した。

　条例では、6ヵ月以上の在学者を対象に、①新1年生全員に入学支度金として3万円　②通学費補助金としてバス定期購入費の3分の1の額、単車通学で新たに購入する場合は、購入額の2分の1の額　③下宿費補助金は月額35,000円　④学業優秀者、スポーツや文化活動、生徒会活動に取り組んでいる生徒には、特別奨学補助金として1年間月額1万円を補助するという内容。補助金の交付申請は、保護者が南種子高校PTA会長に委任し、南種子町教育委員会を経由して町長に提出するとしている。

　少子化や都市部の高校への進学傾向が強まるなかで、地元高校の存続のために就学支援に取り組む自治体が増えている。

　青森県今別町は2003年4月から県立今別高校に入学する同町生徒の授業料を半額補助するため「今別町奨学金貸与基金条例」を改正した。今別高校の授業料は年間10万8千円。町唯一の今別中学校を卒業して同高校に入学する生徒に対して授業料の半額を補助する。

条例本文は次ページにあります。

HP：http://www14.synapse.ne.jp/minamita/

鹿児島県・南種子町

町役場	〒891-3792　鹿児島県熊毛郡南種子町中之上2793-1（下車駅　種子島航路　西之表港からバス）
電　話	(09972) 6-1111
人　口	7,057人
世帯数	2,994世帯
面　積	110.40km^2
人口密度	63.92人／km^2
特産品	インギー鶏、ソラマメ、焼酎、赤米、紫芋、海産物
観　光	種子島宇宙センター、インギー鶏の里、温泉センター

備考欄

類似条例
　今別町（青森県）奨学金貸与基金条例（2003年4月1日改正施行）

教育

南種子高等学校生徒就学援助費補助金条例

(趣旨)
第1条　この条例は、鹿児島県立南種子高等学校(以下、「南種子高校」という。)へ入学した生徒に対して、就学援助を行うことにより南種子高校の充実及び活性化とともに本町教育の振興発展を図ることを目的とする。
(補助金及び対象者)
第2条　就学援助費補助金(以下、「補助金」という。)の種類及び対象者は、次のとおりとする。
　(1)　入学支度金　南種子高校に入学した第1学年の生徒で6ヶ月以上在学している者
　(2)　通学費補助金　南種子高校に町外から通学し6ヶ月以上在学している者
　(3)　下宿費補助金　南種子高校に町外から入学し6ヶ月以上在学している者
　(4)　特別奨学補助金　南種子高校の生徒で6ヶ月以上在籍し成績優秀な者
　　　　①　学業成績が優秀な者
　　　　②　スポーツ・文化活動等に積極的に取り組んでいる者
　　　　③　生徒会活動等に積極的に取り組んでいる者
(補助金の対象経費及び額)
第3条　補助金の対象経費は、入学に要する経費・通学に要する経費・下宿に要する経費及び特別奨学補助金とし、毎年度予算の範囲内で定める額とする。
(補助金の交付申請)
第4条　補助金の申請は、保護者が南種子高校PTA会長(以下、「会長」という。)に委任し、南種子町教育委員会を経由して町長に提出するものとする。
(補助金の交付等)
第5条　町長は、前条の申請書を受理したときは、その内容を審査し、交付を決定し、南種子町教育委員会を経由して会長へ通知するものとする。
2　補助金は、会長を通じて保護者に交付するものとする。
3　会長は、この条例に基づく関係書類は、5年間保管しなければならない。
(補助金の返還)
第6条　補助金の交付を受けた者が、交付の趣旨に違反していることが認められたときは補助金の返還を命ずることができる。
(委任)
第7条　この条例の施行に関し必要な事項は、規則で定めるものとする。
　　　附　則
　　この条例は、平成15年4月1日から施行する。

南種子高等学校生徒就学援助費補助金条例施行規則

(趣旨)
第1条　この規則は、鹿児島県立南種子高等学校生徒就学援助費補助金条例(平成15年南種子町条例第2号。以下、「条例」という。)の施行に関し必要な事項を定めるものとする。
(就学援助費補助金)

第2条　条例第2条第1項第1号に規定する入学支度金については、3万円を補助するものとする。
2　条例第2条第1項第2号に規定する通学費補助金については、次の各号に掲げる額を補助するものとする。
　(1)　バス通学の場合は、バス定期券購入額の3分の1の額
　(2)　単車通学のため新たに購入する場合は、購入額の2分の1の額
　(3)　既に単車を購入し単車通学の場合は、往復の距離数に3円を乗じた額
　(4)　保護者等の送迎による通学の場合は、往復の距離数に5円を乗じた額
3　条例第2条第1項第3号に規定する下宿費補助金については、月額35,000円を補助するものとする。
4　条例第2条第1項第4号に規定する特別奨学補助金については、毎年度南種子高等学校長の調査書に基づいて選考委員会で選定し、1年間月額1万円を補助するものとし、再選は妨げないものとする。
　(1)　奨学生が次の各号の一に該当すると認められるときは、奨学生の給付を停止する。
　　　① 　病気などのため、成業の見込みがないとき。
　　　② 　学業成績又は性行が不良となったとき。
　　　③ 　スポーツ活動等、選考の対象となった実績を、努力不足等、本人の責任で維持し得なくなったとき。
　　　④ 　休学したとき。
（特別奨学生の選考）
第3条　特別奨学生を選定するため選考委員会を置く。
2　選考委員は、次の中から教育委員会が委嘱する。
　助役、教育長、中学校長、高等学校長、高校PTA会長、その他教育委員会が必要と認める者
（補助金の申請）
第4条　補助金の申請は、南種子高等学校生徒就学援助費補助金交付要綱（平成15年南種子町教育委員会要綱第1号。以下「補助金交付要綱」という。）に基づき、次の書類を添付して申請するものとする。
　(1)　会長に提出された就学届
　(2)　生徒の保護者により補助金申請及び受領に関する権限の委任状
　(3)　通学証明書
　(4)　在学証明書
　(5)　学校長の特別奨学生調査書
（補助金の交付決定・実績報告等）
第5条　条例第5条第1項に規定する交付決定については、会長へ通知するものとする。
2　会長は、補助金を受領したときは、速やかに該当生徒の保護者へ支払うものとし、領収証を徴するものとする。
3　会長は、補助金支払完了後、速やかに南種子町教育委員会を経由して町長へ補助金交付要綱に基づく補助金実績報告書を提出しなければならない。
（委任）
第6条　この規則に定めるもののほか必要な事項は、南種子町教育委員会が別に定める。
　　　附　則
　この規則は、公布の日から施行し平成15年4月1日から適用する。

南種子高等学校生徒就学援助費補助金交付要綱

(目的)
第1条　南種子高等学校生徒就学援助費補助金条例(平成15年南種子町条例第2号。以下「条例」という。)の施行については、南種子高等学校生徒就学援助費補助金施行規則(平成15年南種子町教育委員会規則第2号。以下「規則」という。)に定められるもののほか、この要綱の定めるところによる。
第2条　規則第2条第2項第1号のバス通学補助金については、居住地の最短バス停から上中までの定期券購入を証明する領収書を提出するものとする。
2　規則第2条第2項第2号の新たに購入する場合については、購入単車の領収書を提出するものとする。
　①　補助対象経費は、単車本体の額とする。
　②　単車購入補助金の支払方法は、決定された補助額を24月(2年×12月)で除した額を月割りで単車通学の期間補助する。
3　規則第2条第2項第3号の既に購入している場合及び第4号については、最短の通学経路の往復距離により算定する(通学経路及び距離を証明するものを提出すること)。
4　規則第2条第3項の下宿費補助金については、月額下宿代を証明するものを提出するものとする。
5　規則第2条第4項の特別補助金については、他の生徒の範となり将来よきリーダーとして活躍が期待でき、次の各号の一に該当する者とする。
　①　学業成績が優秀な者
　　　新入生　中学校3年次及び高校1年次1学期期間における諸考査において優秀な成績を修めた者
　　　在校生　南種子高校が実施する諸考査において優秀な成績を修めた者
　②　スポーツ・文化活動等に積極的に取り組んでいる者
　　　新入生　中学校在学中に県レベル以上の大会等において卓越した成績を修めた者
　　　在校生　県レベル以上の大会等において卓越した成績を修めた者
　③　生徒会活動等を通して、町や地域に貢献し県レベル以上の表彰を受けた者
(補助金の交付申請)
第3条　規則第4条の補助金申請書類の様式については、次のとおりとする。
　(1)　就学届(様式第1号)
　(2)　南種子高等学校生徒就学援助費補助金交付申請書(様式第2号)
　(3)　受領に関する権限の委任状(様式第3号)
　(4)　特別奨学生調査書(様式第4号)
(補助金の交付決定等)
第4条　規則第5条第1項の補助金交付決定通知は、様式第5号により通知する。
2　規則第5条第2項の補助金を保護者に支払ったときは、様式第6号により領収証を徴するものとする。
3　規則第5条第3項の補助金実績報告書の提出については、様式第7号による。
(補助金の交付時期)
第5条　規則第5条第1項に規定する補助金については、次の表に基づき南種子高等学校PTA会長を通じ交付する。

(表略)

(委任)
第6条　この要綱に定めるもののほか、必要な事項は別に定める。
　　　　附　則
(施行期日)
1　この要綱は、公布の日から施行し平成15年4月1日から適用する。
(要綱の廃止)
2　南種子高等学校生徒就学援助費補助金交付要綱(平成13年南種子町教育委員会告示第3号)は、廃止する。

東京都 板橋区

板橋区自転車安全利用条例

▶自転車交通事故防止に安全利用指導員を配置／指導警告も、全国初

2003年（平成15年）4月1日施行

　板橋区は、歩道を暴走する自転車や、二人乗り、携帯電話をかけながらの運転などによる自転車が関係した交通事故を未然に防止することを目的に安全利用条例を制定した。

　条例では、区は自転車の安全利用についての意識の啓発や自転車の点検整備の促進、自転車事故保険への加入勧奨などを実施。自転車利用者の責務として、道路交通法など法令に従い、安全運転に努めると定めた。区は、自転車が歩行者に危害を及ぼすおそれがある場合や、事故を未然に防止するために指導、警告を行うとしている。また、この指導、警告を行うために自転車安全利用指導員を設置した。罰則は設けていない。

　同区では、自転車も道路交通法では軽車両にあたり、法律を守る義務や違反内容によっては罰則もあることや交通事故を起こせば事故の当事者として、責任も取らなければならないことなどを啓発するとしている。走行中の自転車を対象とした条例の制定は全国で初めて。

条例本文は下記ホームページの例規集にあります。

HP ： http://www.city.itabashi.tokyo.jp/

東京都・板橋区

区 役 所：〒173-8501 東京都板橋区板橋2-66-1 （下車駅　地下鉄三田線　板橋区役所前駅）	世 帯 数：243,786世帯
電　　話：(03) 3964-1111	面　　積：32.17km^2
人　　口：503,286人	人口密度：15,644.57人／km^2
	特 産 品：精密機器
	観　　光：東京大仏

備考欄

　条例制定のきっかけは、自転車による交通事故。被害者は死亡したが加害当事者が高校生で、保険にも未加入なため、なんの補償もない結果になった。

　区は、本条例の制定と、自転車の整備点検・保険加入を2本の柱に事故のないまちづくりを進める。板橋区では、TSマークの自転車保険を紹介。この「TSマーク」は「自転車安全整備店」の「自転車安全整備士」が点検整備し、道路交通法に規定する「安全な普通自転車」であることを確認して貼付するもので「傷害保険」と「賠償責任保険」が夫々付帯されている。この保険は、「自転車」に保険が掛けてあり、被保険者は、自転車。

広島県尾道市

尾道市自転車等の放置の防止に関する条例

▶ 壊れた放置自転車は「廃棄物」として即日廃棄処分

2003年（平成15年）4月1日施行

尾道市は、歩行者の交通安全と、公共の場における良好な環境の確保を図ることを目的に自転車等の放置の防止に関する条例を制定した。

条例の特徴は、公共の場所への自転車の放置を禁止し、自転車や原動機付き自転車の放置禁止地区を市長が指定。放置禁止地区では、自転車が放置されていると認められる場合は、警告期間なしで、直ちに撤去し、保管する。指定区域外でも相当の期間放置されている場合は、警告期間なしで撤去するとしたこと。また、市長が指定する廃棄物認定員は、自転車が使用可能かどうかを認定。指定区域および区域外ともに、放置されている自転車等が明らかに自転車等の機能を喪失していると認められる場合は、廃棄物と認定し、直ちに廃棄物として処分することができるとした。

区域外や自転車駐輪場に放置されている自転車は、警告期間（区域外は7日、駐輪場は10日）後に撤去、または廃棄するとしている。撤去・保管費用として、自転車2,000円、原動機付自転車は4,000円を徴収する。

条例本文は下記ホームページの例規集にあります。

HP：http://www.city.onomichi.hiroshima.jp/

広島県・尾道市

市 役 所：〒722-8501
　　　　　広島県尾道市久保1-15-1
　　　　　（下車駅　山陽本線　尾道駅
　　　　　　　　　　山陽新幹線　新尾道駅）
電　　話：(0848) 25-7111
人　　口：93,367人
世 帯 数：36,349世帯

面　　積：110.95km^2
人口密度：841.52人／km^2
特 産 品：龍鬚表（畳表）、デベラ、小魚加工品
観　　光：千光寺公園、瀬戸内しまなみ海道、文学のこみち

備考欄

　自転車等駐車対策関係についての条例を制定している自治体は、2001年6月30日現在で676自治体。そのうち、放置自転車等の撤去、移動等に関する「放置規制条例」数は497。百貨店、スーパーマーケット、銀行、遊技場等、自転車等の大量な駐車需要を発生させる施設に対する自転車等駐車場の設置の義務付けに関する「附置義務条例」数は97。自転車等駐車場の管理に関する「自転車等駐車場管理条例」数は536。

参考・類似条例
　茅野市も禁止区域の放置に関しては警告なしで即時撤去を定めている。
　茅野市自転車等の放置防止に関する条例（2001年6月1日施行）
　課税することで放置対策を行おうとしている豊島区は、総務省と協議中。
　豊島区　放置自転車等対策推進税条例（2004年4月1日施行予定（総務省未同意））

茨城県港湾施設管理条例（改正）

▶「危険船」の入港制限を可能に／全国初

2003年（平成15年）4月1日施行

　茨城県は、整備不良、船主責任保険に未加入などの不良船に対し、港湾管理者の自治体が入港船舶を独自の基準で選別し、接岸の許可をしないことができるように港湾条例の改正を行った。条例改正の原因は、2002年12月日立港でおきた北朝鮮貨物船「チルソン」の座礁事故。この船が国外事故適用のPI保険に未加入であったため、重油の回収や積荷撤去、解体・撤去作業に国・県などが要した費用は総額6億5千万円という。従来、このような事故発生時の責任能力を備えていない船舶が座礁した場合、撤去費用や漁業被害への補償支払いはやむを得ず自治体が行う事例が多い。現在日本の沿岸で座礁し、船主に放置されている船舶は、13隻ある。船舶の入港制限に関して、港湾法では「何人に対しても不平等な取扱いをしてはならない」と規定されているが、不良船問題は世界的な課題となっており、国も対策を検討中である。EUではPSC検査の結果、高い確率で不備が見つかった「ブラックリスト国」の船籍のうち、2年間に3回出港停止措置を受けた船は、EU諸国の全港で入港禁止となることを01年12月に決定した。茨城県の条例改正では第3条の3項で、施設管理上著しい支障が生じると認めるときは許可しないことができるとし、損害の賠償能力を有しない場合、船舶が適切ではない場合を不許可の要件とした。

条例本文は下記ホームページの例規集にあります。

HP：http://www.pref.ibaraki.jp/

茨城県

県　庁：〒310-8555
　　　　茨城県水戸市笠原町978-6
　　　　（下車駅　常磐線　水戸駅）
電　話：(029) 301-1111

人　口：2,995,384人
世帯数：1,017,583世帯
面　積：6,095.62km^2
人口密度：492.92人／km^2

備考欄

＊PSC検査：ポートステートコントロールの略称。海上人命安全条約、海洋汚染防止条約などに基づき、入港した外国船の安全性を寄港国が検査する制度。安全基準を満たしていない場合、改善命令や航行停止命令を出す。
＊同様の改正は新潟県が5月1日施行で行っている。
2004年4月1日施行で香川県も条例改正。

東京都 中野区

中野区住民基本台帳ネットワークシステムに係る本人確認情報等の保護に関する条例

▶本人確認情報を不当な目的で利用した職員に罰則／再委託も禁止

2003年（平成15年）7月14日施行

中野区は、2002年9月「個人情報の保護措置が不十分」として住民基本台帳ネットワークから離脱、同区の独自条例の整備や国の情報保護対策の強化を再接続の条件としていたことから、03年8月本格稼動する住基ネットを前にして条例を制定した。

条例では、職員や元職員、本人確認情報に係る業務の処理を受けた者もしくは業務の処理を受けていた者は、本人確認情報を自己または第三者の利益を図るために個人的に利用するなど不当な目的に利用してはならないと規定。不当な目的で利用した職員等は、1年以下の懲役または50万円以下の罰金に処するとした。

区長は、本人確認業務を委託するときは、委託先の秘密保持のための体制を確認し、委託先に守秘義務を課すなどの措置を講ずるとした。また、業務の委託を受けた者は、その業務を他の者に委託してはならないとして再委託の禁止を条文に明記している。

区長は、本人確認情報が漏えい又は不正に利用されることが明白で、区民の基本的人権が侵されると判断したときは、住基ネットの運用を停止すると定めた。

住基ネット関連の条例は、杉並区、横浜市、品川区、新宿区、荒川区に次いで6番目。職員への罰則規定を盛り込んだ条例は横浜市、荒川区に次いで3例目だが、委託業者も罰則の対象としたのは中野区が初めてとなる。また、武蔵野市では、個人情報保護条例を改正して、住民基本台帳ネットワークの管理に外部監査を導入した。

条例本文は下記ホームページの例規集にあります。

HP：http://www.city.tokyo-nakano.lg.jp/

個人情報保護

東京都・中野区

区役所：〒164-8501 東京都中野区中野4-8-1（下車駅　中央線　中野駅）	世帯数：163,273世帯
電話：(03) 3389-1111	面積：15.59km²
人口：295,906人	人口密度：18,980.50人／km²
	観光：梅照院（新井薬師）、平和の森公園、哲学堂公園

備考欄

類似条例
杉並区住民基本台帳に係る個人情報の保護に関する条例（2002年8月5日施行）
品川区住民基本台帳ネットワークシステムに係る個人情報の保護に関する条例（2002年10月18日施行）
横浜市住民基本ネットワークシステムにかかる本人確認情報の保護に関する条例（2002年12月25日施行）
新宿区住民基本台帳基本条例（2003年1月1日施行）
武蔵野市個人情報保護条例（2003年4月1日改正施行）
荒川区住民基本台帳ネットワークシステムの適正管理等に関する条例（2003年6月30日施行）

京都府
宇治市

宇治市個人情報保護条例（改正）

▶公文書や電子情報の漏えいに最高の罰則／紙情報も対象は全国初

2003年（平成15年）8月1日施行

　1999年5月に約22万件の住民情報が流出した宇治市は、個人情報保護条例を改正し、不正なコピー、持ち出し、借り受けなどの行為の禁止を規定し、違反者に懲役2年以下の罰則を盛り込んだ条例を制定した。

　改正条例では、新たに「何人も、正当な理由がなければ、公文書や電磁的記録媒体に記録された個人情報を複製してはならない」と禁止した。また、「何人も、複製した個人情報を譲り受け、借り受け、所持し、譲り渡し、又は貸し渡してはならない」と規定し、宇治市内外の全ての者に適用、個人情報の二次的流出を禁止した。市長は、違反行為をしている者に対して中止命令や、違反して所持している者に対して記録媒体の提出、回収、消去を命ずることができると定めた。市長が命令や立入検査、報告を求める際には、市個人情報審議会の意見の聴取を行い、命令を発した場合には公表するとしている。

　違反行為に対しては、地方自治法で定めた最高の罰則の、2年以下の懲役、又は100万円以下の罰金に処するとした。

　条例では、知る権利とプライバシーの保護との関係から、表現の自由、学問の自由、信教の自由、政治活動の自由を妨げてはならないとの適用の制限条項を設けている。

　埼玉県草加市も電子情報の漏えいに同様の規制や罰則を定めているが、紙情報も対象としたのは宇治市が初めてとなる。

条例本文は下記ホームページの例規集にあります。

HP：http://www.city.uji.kyoto.jp/

京都府・宇治市

市 役 所：〒611-8501　京都府宇治市宇治琵琶33　（下車駅　奈良線　宇治駅）	世 帯 数：70,160世帯
電　　話：(0774) 22-3141	面　　積：67.55km²
人　　口：186,760人	人口密度：2,765人／km²
	特 産 品：宇治茶、陶磁器
	観　　光：平等院、満福寺、宇治上神社

備　考　欄

類似条例
　草加市個人情報保護条例（2000年4月1日施行）
　仙台市個人情報保護条例（2003年12月1日改正施行）

宮城県 仙台市

仙台市個人情報保護条例（改正）

▶個人情報記載の全ての公文書「第三者への提供」に懲役刑を含む罰則

2003年（平成15年）12月1日施行

2003年3月仙台市が委託した業者による市民税データ紛失事件を受けて、同市は個人情報の漏えいや流出に対する罰則規定を盛り込んだ個人情報保護条例に改正した。

条例では、実施機関の職員、元職員や実施機関から業務委託受けている者もしくは業務委託を受けていた者が、①正当な理由がないのに、個人の秘密が記録された公文書を提供　②業務上で知り得た個人情報を自己もしくは第三者の不正な利益を図る目的で提供や盗用　③職務外の用に供する目的で個人の秘密に属する事項が記録された公文書の収集ーを違反行為と規定した。

罰則規定では、個人を容易に検索し得る状態で体系的に個人情報を記載した電磁的記録の第三者への提供と、それ以外の公文書の提供を区別。権利侵害性が高い電磁記録を提供した場合は、地方自治法で定めた最高の罰則である懲役2年以下または100万円以下の罰金に処すとしている。その他の公文書を提供したときは、懲役1年以下または50万円以下とした。その他の違反行為も1年以下の懲役または50万円以下の罰金。また、不正な手段で個人情報の開示を受けた場合は5万円以下の過料に処するとした。

条例本文は下記ホームページの例規集にあります。

個人情報保護

HP：http://www.city.sendai.jp/

宮城県・仙台市

市役所	〒980-8671　宮城県仙台市青葉区国分寺町3-7-1（下車駅　東北新幹線　仙台駅から地下鉄勾当台公園駅）
電話	(022) 261-1111
人口	991,169人
世帯数	418,878世帯
面積	783.54km^2
人口密度	1,265人／km^2
特産品	仙台味噌、笹かまぼこ、牛タン、堆朱
観光	作並温泉、秋保温泉、泉ヶ岳、陸奥国分寺跡

備考欄

類似条例
　草加市個人情報保護条例（2000年4月1日施行）
　宇治市個人情報保護条例（2003年8月1日改正施行）

東京都
練馬区

練馬区災害対策条例

▶ 災害の予防や復興の基本施策を条例で規定／ペットや帰宅困難者対策も

2004年（平成16年）3月15日公布

　練馬区は、災害の予防、応急措置及び復興について、施策の基本を定め、災害対策を総合的かつ計画的に進めることを目的として条例を制定した。条文は「です・ます」体の分かりやすい表現で災害対策の重要性を説明している。

　条例では、区民防災組織の育成や災害対策の知識の普及、啓発など区や区民の責務を明記。事業者については、災害を防止するため、顧客、従業員ならびに管理する施設、設備の安全確保に努めるとともに、周辺地域住民との連携、地域の復旧への協力を盛り込んだ。また、効果的な支援体制を確立するため、区長は事業者と協定の締結を行い、災害に備えるとしている。

　区長が指定する避難拠点の整備では、必要な人員の確保、物資の備蓄、被災者を救護するための組織及び施設の整備に努め、情報の収集提供や、応急医療が実施することができるようにするとした。

　帰宅困難者対策として、徒歩による帰宅が困難にならないよう情報の提供と支援体制を確立するとしている。飼育動物対策については、適切な保護を行うための設備の整備に努めるとした。

条例本文は下記ホームページの例規集にあります。

HP：http://www.city.nerima.tokyo.jp/bousai/kondankai/jourei.html

東京都・練馬区

区役所：〒176-8501
　　　　東京都練馬区豊玉北6-12-1
　　　　（下車駅　西武池袋線　地下鉄
　　　　大江戸線　練馬駅）
電　話：(03) 3993-1111
人　口：657,945人

世帯数：298,646世帯
面　積：48.16km^2
人口密度：13,661.65人／km^2
特産品：東京手描友禅、キャベツ
観　光：豊島園遊園地、石神井公園

備考欄

類似条例
　東京都板橋区震災復興本部条例（2001年4月1日施行）
　東京都板橋区震災後の市街地の復興における計画的な整備に関する条例（2002年3月11日施行）

三重県

三重県における補助金等の基本的な在り方等に関する条例

▶補助金支出に事業の資料や実績調書の議会提出を義務付け／議員提案で、全国初

2003年（平成15年）4月1日施行

　三重県議会は、公正で透明性の高い行政を推進することを目的として、県の補助金の交付状況を把握し、行政目的を効果的に達成するため、補助金の基本的な考え方、見直し、評価について条例を定めた。議員提案。補助金の在り方についての条例制定は全国で初めてとなる。

　条例では、県が1千万円以上の補助金の交付が見込まれる事業について、補助金を交付する際には、事業内容や交付の目的・根拠などを記載した資料を議会に提出することを義務付けた。7千万円以上の補助金を支出する事業では、補助金交付の決定後、決定額、交付の目的・根拠、交付により実現しようとする政策・施策の目標などを示した実績調書を提出することとされた。

　さらに補助金の実績を県として評価することを求め、評価の結果を県議会に報告し、県民に公表するほか、補助金が適正に執行されているかチェックするため毎年1回、年次報告書の提出も義務付けた。

　また、社会経済情勢の変化に的確に対応するため、補助金の新設や統合、廃止などについて適時に見直しするように定めている。

条例本文は下記ホームページの例規集にあります。

HP：http://www.pref.mie.jp/

三重県

- 県　庁：〒514-8570
　　　　三重県津市広明町13
　　　　（下車駅　紀勢本線　近鉄名古屋線　津駅）
- 電　話：(059) 224-3070
- 人　口：1,858,120人
- 世帯数：657,473人
- 面　積：5,776.44km^2
- 人口密度：321.67人／km^2

備考欄

　三重県議会は、2002年にも議員提案で、出資法人の運営の透明性を向上させるための2条例を制定している。

参考条例
　県の出資法人への関わり方の基本的事項を定める条例
　（2002年10月1日施行）
　県が所管する公益法人および公益信託に関する条例
　（2002年10月1日施行）

財政

新潟県 柏崎市
鹿児島県 川内市

柏崎市使用済核燃料税条例
川内市使用済核燃料税条例

▶使用済み核燃料に課税／柏崎市は法定外目的税、川内市は法定外普通税で、全国初

2003年（平成15年）9月30日施行

柏崎市と川内市は、使用済み核燃料に課税する法定外税を制定した。

柏崎市は法定外目的税で、原子力発電所所在地として、原子力発電所に対する安全対策、生業安定対策、環境安全対策など原子力発電所との共生に必要な費用に充てることを課税の根拠とした。同市は、東京電力柏崎刈羽原発7基のうち市内に立地する1号炉から4号炉に保管されている使用済み核燃料の重量を課税対象として、1kg当たり480円の税率で課税するとしている。税の賦課期日は当該年度の初日の属する年の1月1日で、納期限は4月30日。ただし、03年度については賦課期日を9月30日とし、6ケ月分を10月31日までに納税するとした。5年後に見直すとの規定を盛り込み、5年間で約26億の税収を見込んでいる。

川内市は税の使途を特定しない法定外普通税として、九州電力川内原子力発電所の使用済み核燃料に課税する。同市は、毎年4月1日を賦課基準日として、川内原発1、2号炉の貯蔵設備に貯蔵されている使用済み核燃料のうち各炉につき157体を超える使用済み核燃料の数量を課税対象として、1体当たり23万円（1kg当たり約500円）の税率で課税する。施行日から5年後に効力を失うとの規定を盛り込んだ時限条例としている。同市では5年間で約12億6千万円の税収を見込む。

条例本文は下記ホームページの例規集にあります。

HP : http://www.city.kashiwazaki.niigata.jp/
   : http://www.sendai-net.jp/

新潟県・柏崎市

市役所：〒945-8511 　　　　新潟県柏崎市中央町5-50 　　　　（下車駅　信越本線　越後線　柏崎駅）	世帯数：29,485世帯 面　積：319.29km² 人口密度：269人／km²
電　話：(0257) 22-3161 人　口：85,486人	特産品：ビスケット、ピストンリング、プリンター、米菓 観　光：佐渡弥彦米山国定公園、米山自然休養村、海水浴場(12)

鹿児島県・川内市

市役所：〒895-8650 　　　　鹿児島県川内市苅田町3-22 　　　　（下車駅　九州新幹線　川内駅）	世帯数：30,496世帯 面　積：265.44km² 人口密度：275.26人／km²
電　話：(0996) 23-5111 人　口：73,067人	特産品：ファインセラミック、文旦、ラッキョウ、ちりめん 観　光：西方海水浴場、寺山いこいの広場、川内高城温泉郷

備考欄

類似条例
茨城県核燃料等取扱税条例（2003年12月12日公布）

東京都 豊島区

豊島区狭小住戸集合住宅税条例

▶ワンルームマンションの建築主に課税／ファミリー向け住宅の供給を誘導

2003年（平成15年）12月9日議決

豊島区は、増加するワンルームマンションを規制し、ファミリー向け住宅の供給を推進することを目的として、ワンルームマンションを建築する建築主に課税する法定外普通税を導入した。同区は全世帯のうち、単身世帯が約56％、区内の住宅に占める30平方㍍未満の共同住宅の割合は約40％と、東京23区で最も高くなっている。

条例では、狭小住戸を専用面積が29平方㍍（ベランダ、バルコニー、パイプスペース、メーターボックスの面積は含めない）と規定。この狭小住戸のあるマンションやアパートなどの集合住宅を新築したり、増築する場合、1戸につき50万円の税率で課税する。狭小住居が8戸以下の場合は課税が免除される。

納税義務者は、同区内に狭小住居を有する集合住宅の建築主。納税義務者が同区内に住所、居所、事務所を持っていない場合は、東京都内に住所を有する納税管理人を定めて、申告書を提出する。また東京都内に住所がない場合は承認申告書を提出して承認をうけなければならないとした。

納税義務者が、納税管理人を申告しなかった場合や、申告納付の手続きを行わなかった場合は3万円の過料を課すとしている。

条例は施行後5年ごとに見直すとの規定も盛り込まれた。

総務省の正式同意は2004年3月30日にあり、2ヶ月の周知期間後の6月1日から施行となった。

条例本文は下記ホームページの例規集にあります。

HP：http://www.city.toshima.tokyo.jp/

東京都・豊島区

区役所：〒170-8422
　　　　東京都豊島区東池袋1-18-1
　　　　（下車駅　山手線　池袋駅）
電　話：(03) 3981-1111
人　口：236,265人
世帯数：131,592世帯

面　積：13.01km^2
人口密度：18,160.26人／km^2
観　光：サンシャイン国際水族館、巣鴨・とげぬき地蔵、ナムコナンジャタウン

備考欄

類似条例
　河口湖町遊漁税条例（2001年3月6日公布、01年7月1日施行）法定外目的税
　三重県産業廃棄物条例（2001年7月3日公布、03年7月1日施行）法定外目的税
　東京都宿泊税条例（2002年4月1日公布、02年10月1日施行）法定外目的税
　岐阜県乗鞍環境保全税条例（2002年10月9日公布、03年4月1日施行）法定外目的税
　太宰府市歴史と文化の環境税条例（2002年6月1日公布、02年10月1日施行）法定外普通税
　横浜市勝馬投票券発売税（2000年12月14議決）法定外普通税－総務省同意が不調

財政

東京都
豊島区

豊島区放置自転車等対策推進税条例

▶法定外目的税として放置自転車税を新設／全国初、総務省に協議書を提出

2003年（平成15年）12月9日議決

　豊島区内の駅周辺の放置自転車台数は、99年（平成11年）度の国の全国調査で、池袋駅がワースト1、巣鴨駅がワースト4となった。また01年（同13年）度でも池袋駅はワースト10となるなど歩行者の通行の妨げや街の美観を損ねるなど深刻な問題となっている。同区は放置自転車対策費として02年（同14年）度は7億3千3百万円を支出している。

　自転車法（注1）では、鉄道事業者は、自転車駐車場の整備への協力が義務付けられ、また撤去等に努めることとされているが、駐輪場の設置や撤去作業のほとんどは区が行っているのが現状となっている。新税は、同区の放置自転車対策経費にかかる費用の一部負担を鉄道事業者に求めるとともに、鉄道事業者が自ら自転車等駐車場を整備した場合には、税を減免することにより、駅周辺の駐輪場整備を促進することを目的に新設されたもの。

　同区内に乗り入れている鉄道会社5社に対して、乗車人員千人当たり740円の税率で課税する。駅周辺での駐輪場整備や駐輪場用地の区への無償提供など、鉄道会社の放置自転車対策への寄与による減免規定や5年ごとの見直し規定も盛り込まれた。区では新税で年間2億1100万円の税収を見込んでいる。

条例本文は下記ホームページの例規集にあります。

HP ： http://www.city.toshima.tokyo.jp/

東京都・豊島区

区　役　所：〒170-8422
　　　　　　東京都豊島区東池袋1-18-1
　　　　　　（下車駅　山手線　池袋駅）
電　　話：(03) 3981-1111
人　　口：236,265人
世 帯 数：131,592世帯
面　　積：13.01km^2
人口密度：18,160.26人／km^2
観　　光：サンシャイン国際水族館、巣鴨・とげぬき地蔵、ナムコナンジャタウン

備 考 欄

（注1）自転車の安全利用の促進及び自転車等の駐車対策の総合的推進に関する法律

高知県

高知県税条例（改正）
高知県森林環境保全基金条例

▶森林保全に森林環境税を導入、全国初／県民税均等割に一律年額500円を加算

2003年（平成15年）4月1日施行

　高知県は、水源のかん養をはじめ山地災害の防止、生態系の多様性の確保など森林の公益的機能の低下を予防するため、森林環境の保全に取り組むための新たな財源を確保することを目的として、県民税の均等割の税率に特例を設ける条例の改正を行った。

　条例では、森林環境の保全に資するため、2003年度（平成15年度）から、2007年度（同19年度）までの各年度の個人、法人等の県民税の均等割に500円を加算すると定めた。

　森林の保全を目的に一般会計からの繰り入れによる基金を創設した神奈川県などの例はあるが、超過課税方式を採用して県民税から徴収するのは全国で初めてとなる。

　同県では、森林保全の新税が県民税の増額による徴収で、地方分権一括法で認められた法定外目的税とは異なり、一般財源に組み込まれることから、新税の趣旨や使途を明確にするため「森林環境保全基金条例」を制定し、基金を設置した。この条例の第2条で、基金として積み立てる額は、森林環境の保全に係る県民税の均等割の税率の特例による加算額の収納相当額と明記した。

条例本文は下記ホームページの例規集にあります。

HP：http://www.pref.kochi.jp/

高知県

県　庁：〒780-8570 高知県高知市丸ノ内1-2-20 （下車駅　土讃線　高知駅）	人　口：819,252人 世帯数：332,432世帯 面　積：7,104.54km²
電　話：(088) 823-1111	人口密度：115.31人／km²

備考欄

　高知県の森林環境保全のための事業は、初年度03年は1億1,800万円、04年度は1億3,400万円の基金積み立てを予算化して充当した。
　保全事業は、県民への広報や啓発、森林管理の適正化などを実施している。

財政

東京都 世田谷区

世田谷区産業振興基本条例（改正）

▶ コンビニエンスストアなどに商店街への加入、協力の努力を規定

2003年（平成15年）12月9日公布

　商店街を地域の核として賑いと交流の場となるよう、総合的なまちづくりの観点から振興を図っている世田谷区は、小売店の商店会組織への加盟や、商店街の活性化事業などへの協力を求める条例改正を行った。

　改正された条例は、区内の商業・工業・農業の振興に対する基本的な考え方や施策の方向性を明示した「産業振興基本条例」（1999年（平成11年）6月制定）。

　商店会は、加入各店から会費を集めて運営され、また、区などの補助金や商店会の負担を組み合わせて街灯や街路の環境整備、祭りや一斉大売出しなどのイベントに取り組むが、最近、商店会に未加入の商店（コンビニ、スーパーなどのチェーン店を含む）が増えてきており、商店会がその役割を果たすことが困難になってきていることが条例改正の背景となっている。

　世田谷区商店街連合会に加盟している商店街は107、店舗は約8,500で、共通商品券や、共同のインターネットのサイトの運営などを行っている。

　条例改正では、新たに事業者の責務として「商店会振興のため、商店会への加入等により協力する」「にぎわいと交流の場となる事業を商店会が実施するときは応分の負担等をすることに努める」との規定を追加した。

条例本文は下記ホームページの例規集にあります。

HP：http://city.setagaya.tokyo.jp/

東京都・世田谷区

区役所：	〒154-8504 東京都世田谷区世田谷4-21-27（下車駅　東急世田谷線　松陰神社前駅）
電　話：	(03) 5432-1111
人　口：	788,132人
世帯数：	399,645世帯
面　積：	58.08km^2
人口密度：	13,569.77／km^2
特産品：	軟弱野菜、花卉園芸、大蔵大根
観　光：	砧公園、等々力渓谷、駒沢オリンピック公園

備考欄

山梨県大月市

大月市「元気を出せ」経営支援緊急融資条例

▶市が信用保証協会に債務保証／小規模商工業者の融資支援で

2003年（平成15年）12月1日施行

　大月市は、資金繰りに苦しむ同市内の小規模商工業者の資金調達を支援するため、業者の信用力や担保力の不足を補うことを目的として、山梨県信用保証協会と大月市が債務を保証する緊急融資制度を実施した。2003年度から2005年度までの時限的な支援。

　大月市「元気を出せ」経営支援緊急融資条例では、「市は、保証協会が小規模商工業者に代わって金融機関に対し債務を弁済したときは、保険法第5条の規定する保険金によって補填されない部分の損失額について、その90パーセントを保証協会に対し保証するものとする」と定めた。

　保証協会が受ける損失に対して同市からの保証が確約されることで、金融機関の融資の促進が図れることや、第10条で市の審査をなくし、原則的に無担保で第三者保証人を不要にしたことから迅速な貸付けが可能とされている。

　融資は、従業員20人以下の法人、個人（商業、サービス業は5人以下）が対象で、貸付限度額500万円以下の運転資金、貸付期間5年以内で、貸付金総額は5億円を限度としている。

条例本文は次ページにあります。

山梨県・大月市

- 市役所：〒401-8601
　山梨県大月市大月2-6-20
　（下車駅　中央本線　大月駅）
- 電　話：(0554) 22-2111
- 人　口：32,578人
- 世帯数：10,772世帯
- 面　積：280.30km^2
- 人口密度：116.23人／km^2
- 特産品：織物、しいたけ、茶、うこん
- 観　光：猿橋（日本三大奇橋）、岩殿山など秀麗富嶽12景

備考欄

産業経済

大月市「元気を出せ」経営支援緊急融資条例

(目的)
第1条　この条例は、資金調達に苦慮している市内小規模商工業者の信用力及び担保力の不足を補い、資金の融資を行うことにより、自主的な経済活動を推し進め、もって事業の経営安定に資することを目的とする。

(定義)
第2条　この条例において「小規模商工業者」とは、常時使用する従業者の数が20人（商業又はサービス業を主たる事業とする事業者にあっては5人）以下の法人若しくは個人であって、市内に店舗、工場又は事業所を有するものをいう。

(資格要件)
第3条　この条例による緊急融資を受けることができる小規模商工業者の資格要件は、次に掲げるとおりとする。
(1) 市内に1年以上事業所を有し、かつ、引き続き事業を継続しようとする意思が認められること。
(2) 個人においては、市内に引き続き1年以上居住し、住民基本台帳法（昭和42年法律第81号）に規定する住民票に記載されていること。
(3) 法人においては、商業登記法（昭和38年法律第125号）に規定する商業登記簿に登記された本店の所在地が市内であり、かつ、代表者が前号に規定する要件を満たしていること。
(4) 融資申込みの日以前において、既に納期の経過した市町村税等を完納していること。

(貸付条件)
第4条　金融機関が、この条例により借受資格者に対し融資する場合の貸付条件は、次に掲げるとおりとする。
(1) 貸付金は、運転資金とすること。
(2) 貸付金額は、500万円以内とすること。
(3) 貸付期間は、5年以内とすること。
(4) 個人にあっては市町村民税の所得割がない者は、連帯保証人を付すること。
(5) 法人にあっては代表者が連帯保証人となり、かつ、市町村民税の法人税割がない場合は、別に連帯保証人を付すること。
(6) 貸付金は、すべて山梨県信用保証協会（以下「保証協会」という。）の保証に付すること。
(7) 償還は割賦償還とし、償還方法は元金均等償還とすること。ただし、繰上償還をすることができる。

(連帯保証人)
第5条　連帯保証人は、次に掲げる要件を備えた者でなければならない。
(1) 市内に1年以上居住している者。ただし、保証協会が特別な事情があると認める者にあっては、この限りでない。
(2) 独立の生計を営み市町村税等を完納し、保証能力のある者
(3) この条例による融資を現に受けていない者
(4) この条例による他の保証人となっていない者

(貸付総額)

第6条　この条例に基づき、金融機関が小規模商工業者に融資する貸付金の総額は、5億円を限度とする。
（信用保証）
第7条　保証協会は、当該債務の保証を中小企業信用保険法（昭和25年法律第264号。以下「保険法」という。）に定める保険に付するものとする。
（損失の補償）
第8条　市は、保証協会が小規模商工業者に代わって金融機関に対し債務を弁済したときは、保険法第5条に規定する保険金によって補填されない部分の損失額について、その90％を保証協会に対し補償するものとする。
（融資の申込み）
第9条　この融資を受けようとするものは、金融機関及び保証協会の借入申込書により、金融機関へ申し込むものとする。
2　申込み期間は、平成15年12月1日から平成17年3月31日までとする。
（融資の決定）
第10条　この条例に基づく融資については、保証協会の決定をもって融資の可否に代えるものとする。
（規則への委任）
第11条　この条例の施行に関し、必要な事項は規則で定める。
　　　附　　則
この条例は、平成15年12月1日から施行する。

産業経済

茨城県

茨城県産業活動の活性化及び雇用機会の創出のための県税の特別措置に関する条例

▶ 立地企業に法人事業税、不動産取得税全額免除／全国初

2003年（平成15年）3月26日公布

　茨城県は景気低迷の中、企業誘致のために、県内に新たに工場などを新設する企業について、新設から3年間は、法人事業税と不動産取得税を全額免除する条例を制定した。

　誘致企業への優遇策は各自治体が工夫しているが、全国一律の法定税率を変更したのは大坂府、神奈川県、京都府、愛知県の例で、いずれも課税軽減。茨城県の全額免除は全国で初めて。

　条例では、法人事業税に関しては、業種、企業規模は問わないが、県の基準による算定で、従業員を5人以上増加させるものと算定されると免除される。但し、風俗営業は除かれる。不動産取得税の課税免除は、立地エリアを企業団地や自治体の指定する場所に限る例が多いが、茨城県の条例では県内ならどこでもよい。取得した家屋、土地にかかる全額を免除する。

　特例期間は2003年4月1日から3年間だが、2006年3月末日までに施設用地の購入を済ましていれば適用を受けられる。

　条例の目的は、当面の緊急課題である雇用創出にあり、税収が当面見込めなくても雇用には即効的な効果が期待でき、将来的な税の増収につながるとしている。

条例本文は下記ホームページの例規集にあります。

HP：http://www.pref.ibaraki.jp/

茨城県

県　庁：〒310-8555　茨城県水戸市笠原町978-6　（下車駅　常磐線　水戸駅）	人　口：2,995,384人　世帯数：1,017,583世帯　面　積：6,095.62km^2　人口密度：492.92人／km^2
電　話：(029) 301-1111	

備考欄

類似条例
　矢坂市企業誘致条例（2003年10月21日施行）
　豊橋市企業立地促進条例（2003年12月21日公布）

愛知県 豊橋市

豊橋市企業立地促進条例（改正）

▶太陽発電や雨水利用を促す改正／他の奨励制度も拡充

2003年（平成15年）12月22日公布

　市は、条例改正により、市内の工業用地に新たに立地した事業者に4種類の奨励金を交付する制度を整備し、企業誘致の優遇措置と環境負荷の軽減を図った。

　新設された制度は「環境推進奨励金」。発電能力30kW以上の太陽光発電施設を設置した場合、その経費の1/3を交付（1kWあたり100万円を上限で総額1千500万円限度）する。

　雨水活用施設は、貯水能力100㌧以上の施設設置の場合、その経費の1/3を交付（1㌧あたり20万円を上限で1千500万円限度）する。緑地は敷地面積の10％以上の緑地を整備した場合に経費の1/2を交付（1平方㍍あたり1万円で上限1千万円を限度）する。

　従来の立地奨励金、事業促進奨励金、雇用促進奨励金も改正で拡充した。

　立地奨励金は、投下固定資産額が2億円以上（中小企業は5000万円）の場合、その施設の土地、家屋の固定資産税と都市計画税の相当額を5年間交付する。償却資産に係るものは3年間交付される。限度額はない。

　事業促進奨励金は資産割にかかる事業所税相当額を3年間交付。雇用促進奨励金は操業にともない新規常用従業員を5人以上雇用した場合、1人40万円交付される。

条例本文は下記ホームページの例規集にあります。

HP：http://www.city.toyohashi.aichi.jp/menu.html

愛知県・豊橋市

市役所：〒440-8501　愛知県豊橋市今橋町1　（下車駅　東海道本線　豊橋駅）	面　　積：261.26km²
電　　話：(0532) 51-2111	人口密度：1,368.57人／km²
人　　口：357,554人	特産品：うずら、柿、種無し巨峰、桃、筆
世帯数：125,979世帯	観　　光：葦毛湿原、汐川干潟、賀茂菖蒲園、嵩山の蛇穴

備考欄

類似条例
矢坂市企業誘致条例（2003年10月21日施行）
茨城県産業活動の活性化及び雇用機会の創出のための県税の特別措置に関する条例（2003年3月26日公布）

産業経済

栃木県
矢板市

矢板市企業誘致条例
矢板市企業誘致推進員事業実施要綱

▶企業誘致に3種類の奨励金／誘致推進員制度で最高2000万円の褒賞

2003年（平成15年）10月21日施行
2003年（平成15年）2月1日施行

　矢板市は、市内の工業専用地域、工業地域、準工業地域、県や市の造成した工業団地などに企業誘致を行うため奨励金を交付する条例を定めた。奨励金は施設設置奨励金、雇用奨励金、用地取得奨励金の3種類。交付対象は投下固定資産総額5000万円以上で、周辺環境に配慮した施設。

　施設設置奨励金は新設施設に係る固定資産税相当額で、施設増設の場合は増設部分の税相当額となる。いずれも交付期間は3年間。新設は限度額はないが、増設の場合は1億円を限度とする。雇用奨励金は市内在住の常用雇用者を新規に10人以上採用し1年以上継続雇用した場合、新規雇用者1人につき10万円が交付される。用地取得奨励金は、事業開始前3年から事業開始後5年の間に取得した用地の購入金額の100分の1を交付する。

　企業誘致推進員制度は2009年までの期限付き要綱で、市が企業誘致推進員を募集し適当と思われる者に委嘱を行う仕組み。応募方式と依頼形式がある。依頼方式の対象者は東京や大阪などで活躍する矢板市の出身者などを想定している。委嘱期間は2年間。更新も可能。推進員は誘致に適当と考える企業に関し市の合意を得た場合に誘致活動を開始する。市は、この活動が成功した場合は推進員に業務委託料を支払う。委託料は工場建設費の1％以内の額とし、2000万円を限度としている。このような制度は全国的にも例が少ない。

条例本文は下記ホームページの例規集にあります。
要綱は次ページにあります。

HP：http://www.city.yaita.tochigi.jp/html/

栃木県・矢板市

市役所：〒329-2192
　　　　栃木県矢板市本町5-4
　　　　（下車駅　宇都宮線　矢板駅）
電　話：(0287) 43-1111

人　口：36,608人
世帯数：12,199世帯
面　積：170.66km²
人口密度：214.50人／km²

備考欄

類似条例
　茨城県産業活動の活性化及び雇用機会の創出のための県税の特別措置に関する条例（2003年3月26日公布）
　豊橋市企業立地促進条例（2003年12月21日公布）

矢板市企業誘致推進員事業実施要綱

(目的)
第1条　この要綱は、わが国の経済が、グローバル化の中で多くの企業が海外移転を余儀なくされ、製造業を中心として、産業の空洞化が進展し、企業の相次ぐ雇用調整等のため地域経済にも深刻な影響を及ぼしている状況下において、矢板市の産業の発展と地域経済の活性化を図るためには、生産基盤の確立が重要であると認識し、その有効な手段として矢板南工業団地等への企業誘致をより多角的に企業誘致活動を展開するため、企業情報の収集等に携わる企業誘致推進員を設置することにより、優良企業の誘致の推進を図ることを目的とする。

(企業誘致推進員の募集等)
第2条　市は、市をPRし、企業情報を収集し、誘致に取り組む企業誘致推進員を募集及び依頼するものとする。
2　企業誘致推進員として活動を行おうとするとき又は、適当と思われる者を推薦しようとするときは、市長に届け出るものとする。
3　市長は、適当と認める者に企業誘致推進員を依頼することができるものとする。

(企業誘致推進員の委嘱)
第3条　市長は、次の各号の一に該当するときは企業誘致推進員に委嘱する。
(1) 前条第2項の届け出を受け、適当と認め本人の承諾を得たとき。
(2) 前条第3項により、依頼し本人の承諾を得たとき。

(企業誘致推進員の委嘱期間)
第4条　企業誘致推進員の委嘱期間は、2年以内とする。ただし更新を妨げない。

(企業誘致推進員の活動)
第5条　企業誘致推進員は、市外の企業に対し市のPRを行い、企業誘致に有用な情報収集活動を行うものとする。
2　企業誘致推進員は、市への企業誘致に関して可能性のある情報を得たとき、又は特定の企業に対して企業誘致活動をしようとするときは、市長にその旨を報告又は申出を行うものとする。
3　市長は、前項の報告又は申出を受けたときは、その内容を検討し、適当と認めるときは企業誘致推進員に対しその旨を通知するものとする。
4　企業誘致推進員は、前項の通知を受けたときは、企業誘致活動ができるものとする。
5　前各項に掲げる誘致活動については、無償とする。

(企業誘致が成功した場合の報酬)
第6条　市長は、企業誘致推進員の活動により誘致に成功した場合は、次条に定める業務委託料を支払う。

(業務委託料)
第7条　企業誘致業務委託料は、工場建設費の1パーセント以内の額とし、2,000万円を限度とする。
2　工場建設費には、機械設備等の償却資産、用地費及び造成費は含まない。
3　工場建設は、工場建設に係る契約書や支払いの証拠書類によりその金額を決定する。
4　一企業の誘致について、複数の企業誘致推進員と業務委託契約を締結するときの委託料の総額は、第1項に定める額以内とする。

（事業の実施期間）
第8条　この要綱による事業の実施期間は、平成15年2月1日から平成21年3月31日までとする。
（補則）
第9条　この要綱に定めるもののほか、必要な事項は市長が別に定める。
　　　附　則
　この要綱は平成15年2月1日から実施する。

埼玉県 和光市

和光市市民参加条例

▶ 18歳以上の市民の政策提言／10名以上の連名提案は検討し、結果を公表

2003年（平成15年）10月3日議決

　和光市は、①市の基本構想や基本的な事項を定める計画の策定や変更　②市政の基本方針を定める条例、市民の義務や権利に関する条例の制定や改廃　③市民が利用する大規模な（おおむね10億円以上）施設の建設　④市民生活に大きな影響がある制度の導入や改廃などを行うときには、市民の参加を求める「市民参加条例」を制定した。条文は、広く市民理解を得られるよう「です・ます」調でまとめられている。

　この条例には、市の役割として、説明責任と応答責任を明記、また市民参加の方法として市民政策提案手続やパブリックコメント手続等の意見提案制度、住民投票の請求制度を盛り込んだことが特徴となっている。市民政策提案では、18歳以上の市民が10人以上の連名で市に政策を提言した場合、市は検討した結果を理由を添えて通知、公表しなければならないと定めた。条例制定を求める住民投票の請求では、選挙権を有する1,000人以上の署名と条例案を添えて市長に請求できるとしている。地方自治法では条例制定について、住民の直接請求は有権者の2％で可能としており、同市では約1,100人（8月31日現在）の署名が必要となるが、条例で提案条件が緩和された。

条例本文は下記ホームページの例規集にあります。

HP：http://www.city.wako.saitama.jp/

埼玉県・和光市

市役所：〒351-0192　埼玉県和光市広沢1-5（下車駅　東武東上線　地下鉄有楽町線　和光市駅）	面　積：11.04km^2
	人口密度：6,135.24人／km^2
電　話：(048) 464-1111	特産品：にんじん、キャベツ、大根、いちご
人　口：67,733人	観　光：吹上観音、なし狩り、ぶどう狩り
世帯数：29,545世帯	

備考欄

類似条例
宮代町市民参加条例
（2003年12月10日議決）
高知市民と行政のパートナーシップのまちづくり条例
（2003年4月1日公布）

自治制度

岡山県
大佐町

大佐町まちづくり基本条例
大佐町まちづくり審議会条例

▶まちづくりに関する計画等は、基本条例を尊重と規定

2003年（平成15年）12月18日公布

　住民自治を基本として、まちづくりを進めるため、基本的なルールを定め、町長、議会、市民の責務と権利を明らかにしている。そのためには情報の共有が何より大切なことと位置付けている。町や議会の情報提供やわかりやすい説明の責任を規定し、計画や予算の策定段階からの情報の提供と市民の参加を定めている。基本構想や総合計画はこの条例に基づいて策定・実施されるとした。特に第44条の条例の制定等の手続では、条例を提案する場合は、必ず町民の参加を図り町民の意見を求めなければならないとしている。除外規定では、軽易な改廃、用語の変更、提案者が不要と認めたときとしており、議案の提案には町民参加の有無や参加状況を議案に付して提出することとしている。また、条例の検討や見直しを第46条で規定し、施行後4年を超えない期間ごとに大佐町にふさわしいものか検討するとしている。

　まちづくり審議会条例は、各地区社会福祉協議会ごとに選出された地区委員と、公募委員合わせて25名で構成する。公募委員は12名で、一般公募に応募した者から町長が議会と協議の上決定する。審議会の役割は、行政運営への意見・提言を行うこと。委員の任期は3年としている。

条例本文は次ページに紹介。

HP：http://www.town.osa.okayama.jp/index.htm

岡山県・大佐町

町 役 場：〒719-3503
　　　　　岡山県阿哲郡大佐町大字小阪部1509
　　　　　（下車駅　姫新線　刑部駅）
電　　話：(0867) 98-2111
人　　口：4,015人
世 帯 数：1,178世帯

面　　積：121.25km^2
人口密度：33.11人／km^2
特 産 品：ゆず、大佐和牛、シンビジュウム、新高梨
観　　光：大佐源流公園、山田方谷記念館、大佐山自然公園

備考欄

類似条例
宮代町市民参加条例
（2003年12月10日議決）
高知市民と行政のパートナーシップのまちづくり条例
（2003年4月1日公布）

大佐町まちづくり基本条例

(前文)
　わたしたちは、中国山地の、いのちはぐくむ豊かな自然を愛し、活力に満ちた魅力ある大佐町の実現につとめます。
1、源流の自然を愛し、清潔な環境をつくりましょう。
1、思いやりをもって、互いに助け合いましょう。
1、伝統を生かし、新しい文化の創造につとめましょう。
1、働くよろこびをもち、健康にくらしましょう。
1、国際感覚をもち、平和な未来を築きましょう。
　これが、大佐町民憲章に込めた、わたしたちのまちづくりの願いです。
　21世紀初頭、日本社会は「分権社会と住民主導のまちづくりの実現」に向けて確実に歩み始めました。まちづくりは、町民一人ひとりが自ら考え、行動することによる「自治」が基本です。
　そのためには、わたしたちがまちづくりの情報を共有できるようになることが何より大切なことです。
　わたしたちは、ここに大佐町のまちづくりの理念を明らかにし、共に生き、励むよろこびを実感できるまちをつくるため、この条例を制定します。

　　第1章　目的
(目的)
第1条　この条例は、大佐町のまちづくりに関する基本的な事項を定めるとともに、まちづくりにおける町民の権利と責任を明らかにし、自治の実現を図ることを目的とする。

　　第2章　まちづくりの基本原則
(情報共有の原則)
第2条　「まちづくりは、自らが考え行動すること」という自治の理念を実現するため、町は、町民がまちづくりに関する情報を共有することを基本に進めなければならない。
(情報への権利)
第3条　町民は、町の仕事について必要な情報の提供を受け、自ら取得する権利を有する。
(説明責任)
第4条　町は、町の仕事の企画立案、実施及び評価のそれぞれの過程において、その経過、内容、効果及び手続を町民に明らかにし、分かりやすく説明する責務を有する。
(参加原則)
第5条　町は、町の仕事の企画立案、実施及び評価のそれぞれの過程において、町民の参加を保障する。

　　第3章　情報共有の推進
(意思決定の明確化)
第6条　町は、町政に関する意思決定の過程を明らかにすることにより、町の仕事の内容が町民に理解されるよう努めなければならない。
(情報共有のための制度)
第7条　町は、情報共有を進めるため、次に掲げる制度を基幹に、これらの制度が総合的な体系をなすように努めるものとする。
(1) 町の仕事に関する町の情報を分かりやすく提供する制度

(2) 町の仕事に関する町の会議を公開する制度
(3) 町が保有する文書その他の記録を請求に基づき公開する制度
(4) 町民の意見、提言等がまちづくりに反映される制度
(情報の収集及び管理)
第8条　町は、まちづくりに関する情報を正確かつ適正に収集し、速やかにこれを提供できるよう統一された基準により整理し、保存しなければならない。
(個人情報の保護)
第9条　町は、個人の権利及び利益が侵害されることのないよう個人情報の収集、利用、提供、管理等について必要な措置を講じなければならない。
　　　第4章　まちづくりへの参加の推進
(まちづくりに参加する権利)
第10条　町民は、まちづくりの主体であり、まちづくりに参加する権利を有する。
2　町民は、それぞれの町民が、国籍、民族、年齢、性別、心身の状況、社会的又は経済的環境等の違いによりまちづくりに固有の関心、期待等を有していることに配慮し、まちづくりへの参加についてお互いが平等であることを認識しなければならない。
3　町民によるまちづくりの活動は、自主性及び自立性が尊重され、町の不当な関与を受けない。
4　町民は、まちづくりの活動への参加又は不参加を理由として差別的な扱いを受けない。
(満20歳未満の町民のまちづくりに参加する権利)
第11条　満20歳未満の青少年及び子どもは、それぞれの年齢にふさわしいまちづくりに参加する権利を有する。
(まちづくりにおける町民の責務)
第12条　町民は、まちづくりの主体であることを認識し、総合的な視点に立ち、まちづくりの活動において自らの発言と行動に責任を持たなければならない。

(まちづくりに参加する権利の拡充)
第13条　町民は、まちづくりへの参加が自治を守り、進めるものであることを認識し、その拡充に努めるものとする。
　　　第5章　コミュニティー
(コミュニティー)
第14条　町民にとって、コミュニティーとは、町民一人ひとりが自ら豊かな暮らしをつくることを前提としたさまざまな生活形態を基礎に形成する多様なつながり、組織及び集団をいう。
(コミュニティーにおける町民の役割)
第15条　町民は、まちづくりの重要な担い手となりうるコミュニティーの役割を認識し、そのコミュニティーを守り、育てるよう努めるものとする。
(町とコミュニティーのかかわり)
第16条　町は、コミュニティーの自主性及び自立性を尊重し、その非営利的かつ非宗教的な活動を必要に応じて支援することができる。
　　　第6章　議会の役割と責務
第17条　議会は、最高意志決定機関として重要な政策決定を総合的かつ全町的な視点で行わなければならない。
2　議会は、大佐町まちづくり基本条例に照らして、常に行政が民主的で効率的な行政運営

を行っているかを調査、監視するものとする。
第18条　議会は、町民と意見交換を十分に行い、町民との連携に努め、議会活動に関する情報を町民にわかりやすく説明する責務を有する。

　　　第7章　町の役割と責務
(町長の責務)
第19条　町長は、町民の信託に応え、町政の代表者としてこの条例の理念を実現するため、公正かつ誠実に町政の執行に当たり、まちづくりの推進に努めなければならない。
(就任時の宣誓)
第20条　町長は、就任に当たっては、その地位が町民の信託によるものであることを深く認識し、日本国憲法により保障された地方自治権の一層の拡充とこの条例の理念の実現のため、公正かつ誠実に職務を執行することを宣誓しなければならない。
2　前項の規定は、助役、及び教育長の就任について準用する。
(執行機関の責務)
第21条　町の執行機関は、その権限と責任において、公正かつ誠実に職務の執行に当たらなければならない。
2　町職員は、まちづくりの専門スタッフとして、誠実かつ効率的に職務を執行するとともに、まちづくりにおける町民相互の連携が常に図られるよう努めなければならない。
(組織)
第22条　町の組織は、町民に分かりやすく機能的なものであると同時に、社会や経済の情勢に応じ、かつ、相互の連携が保たれるよう柔軟に編成されなければならない。
(審議会等への参加)
第23条　町は、審査会、審議会、調査会その他の附属機関及びこれに類するものの委員には、公募の委員を加えるよう努めなければならない。
(意見・要望・苦情等への応答義務等)
第24条　町は、町民から意見、要望、苦情等があったときは、速やかに事実関係を調査し、応答しなければならない。
2　町は、前項の応答に際してその意見、要望、苦情等にかかわる権利を守るための仕組み等について説明するよう努めるものとする。
3　町は、前2項の規定による応答を迅速かつ適切に行うため、対応記録を作成する。
(意見・要望・苦情等への対応のための機関)
第25条　町は、町民の権利の保護を図り、町の行政執行により町民が受ける不利益な扱いを簡易かつ迅速に解消させるため、不利益救済のための機関を置くことができる。
(行政手続の法制化)
第26条　条例又は規則に基づき、町の機関がする処分及び行政指導並びに町に対する届出に関する手続について必要な事項は、条例で定める。

　　　第8章　まちづくりの協働過程
(計画過程等への参加)
第27条　町は、町の仕事の計画、実施、評価等の各段階に町民が参加できるよう配慮する。
2　町は、まちづくりに対する町民の参加において、前項の各段階に応じ、次に掲げる事項の情報提供に努めるものとする。
　(1)　仕事の提案や要望等、仕事の発生源の情報
　(2)　代替案の内容
　(3)　他の自治体等との比較情報

(4) 町民参加の状況
(5) 仕事の根拠となる計画、法令
(6) その他必要な情報
(計画の策定等における原則)
第28条　総合的かつ計画的に町の仕事を行うための基本構想及びこれを具体化するための計画（以下「総合計画」という。）は、この条例の目的及び趣旨にのっとり、策定、実施されるとともに、新たな行政需要にも対応できるよう不断の検討が加えられなければならない。
2　町は、次に掲げる計画を策定するときは、総合計画との整合性に配慮し、計画相互間の体系化に努めなければならない。
(1) 法令又は条例に規定する計画
(2) 国又は他の自治体の仕事と関連する計画
3　町は、前2項の計画に次に掲げる事項を明示するとともに、その計画の実施に当たっては、これらの事項に配慮した進行管理に努めなければならない。
(1) 計画の目標及びこれを達成するための町の仕事の内容
(2) 前号の仕事に要すると見込まれる費用及び期間
(計画策定の手続)
第29条　町は、総合計画で定める重要な計画の策定に着手しようとするときは、あらかじめ次の事項を公表し、意見を求めるものとする。
(1) 計画の概要
(2) 計画策定の日程
(3) 予定する町民参加の手法
(4) その他必要とされる事項
2　町は、前項の計画を決定しようとするときは、あらかじめ計画案を公表し、意見を求めるものとする。
3　町は、前2項の規定により提出された意見について、採否の結果及びその理由を付して公表しなければならない。

第9章　財政

(総則)
第30条　町長は、予算の編成及び執行に当たっては、総合計画を踏まえて行わなければならない。
(予算編成)
第31条　町長は、予算の編成に当たっては、予算に関する説明書の内容の充実を図るとともに、町民が予算を具体的に把握できるよう十分な情報の提供に努めなければならない。
2　前項の規定による情報の提供は、町の財政事情、予算の編成過程が明らかになるよう分かりやすい方法によるものとする。
(予算執行)
第32条　町長は、町の仕事の予定及び進行状況が明らかになるよう、予算の執行計画を定めるものとする。
(決算)
第33条　町長は、決算にかかわる町の主要な仕事の成果を説明する書類その他決算に関する書類を作成しようとするときは、これらの書類が仕事の評価に役立つものとなるよう配慮しなければならない。
(財産管理)

第34条　町長は、町の財産の保有状況を明らかにし、財産の適正な管理及び効率的な運用を図るため、財産の管理計画を定めるものとする。
2　前項の管理計画は、財産の資産としての価値、取得の経過、処分又は取得の予定、用途、管理の状況その他前項の目的を達成するため必要な事項が明らかとなるように定めなければならない。
3　財産の取得、管理及び処分は、法令の定めによるほか、第1項の管理計画に従って進めなければならない。
（財政状況の公表）
第35条　町長は、予算の執行状況並びに財産、地方債及び一時借入金の現在高その他財政に関する状況（以下「財政状況」という。）の公表に当たっては、別に条例で定める事項の概要を示すとともに、財政状況に対する見解を示さなければならない。

第10章　評価

（評価の実施）
第36条　町は、まちづくりの仕事の再編、活性化を図るため、まちづくりの評価を実施する。
（評価方法の検討）
第37条　前条の評価は、まちづくりの状況の変化に照らし、常に最もふさわしい方法で行うよう検討し、継続してこれを改善しなければならない。

第11章　町民投票制度

（町民投票の実施）
第38条　町は、大佐町にかかわる重要事項について、直接、町民の意思を確認するため、町民投票の制度を設けることができる。
（町民投票の条例化）
第39条　町民投票に参加できる者の資格その他町民投票の実施に必要な事項は、それぞれの事案に応じ、別に条例で定める。
2　前項に定める条例に基づき町民投票を行うとき、町長は町民投票結果の取扱いをあらかじめ明らかにしなければならない。

第12章　連携

（町外の人々との連携）
第40条　町民は、社会、経済、文化、学術、芸術、スポーツ、環境等に関する取組みを通じて、町外の人々の知恵や意見をまちづくりに活用するよう努める。
（近隣自治体との連携）
第41条　町は、近隣自治体との情報共有と相互理解のもと、連携してまちづくりを推進するものとする。
（広域連携）
第42条　町は、他の自治体、国及びその他の機関との広域的な連携を積極的に進めるものとする。
（国際交流及び連携）
第43条　町は、自治の確立と発展が国際的にも重要なものであることを認識し、まちづくりその他の各種分野における国際交流及び連携に努めるものとする。

第13章　条例制定等の手続

（条例制定等の手続）
第44条　町は、まちづくりに関する重要な条例を制定し、又は改廃しようとするときは、次のいずれかに該当する場合を除き、町民の参加を図り、又は町民に意見を求めなければな

らない。
(1) 関係法令及び条例等の制定改廃に基づくもので、その条例の制定改廃に政策的な判断を必要としない場合
(2) 用語の変更等簡易な改正で、その条例に規定する事項の内容に実質的な変更を伴わない場合
(3) 前2号の規定に準じて条例の制定改廃の議案を提出する者(以下「提案者」という。)が不要と認めた場合
2 提案者は、前項に規定する町民の参加等の有無(無のときはその理由を含む。)及び状況に関する事項を付して、議案を提出しなければならない。

　　　　第14章　まちづくり基本条例の位置付け等
(この条例の位置付け)
第45条　他の条例、規則その他の規程によりまちづくりの制度を設け、又は実施しようとする場合においては、この条例に定める事項を最大限に尊重しなければならない。
　　　　第15章　この条例の検討及び見直し
(この条例の検討及び見直し)
第46条　町は、この条例の施行後4年を超えない期間ごとに、この条例が大佐町にふさわしいものであり続けているかどうか等を検討するものとする。
2 町は、前項の規定による検討の結果を踏まえ、この条例及びまちづくりの諸制度について見直す等必要な措置を講ずるものとする。
　　　　附　則
(施行期日)
この条例は、平成16年2月11日から施行する。

大佐町まちづくり審議会設置条例

(目的及び設置)
第1条　中国山地のいのちはぐくむ豊かな自然を愛し、活力に満ちた魅力ある大佐町の実現のために町民一人ひとりが自ら考え、行動する「自治」を実践し、共に生き、励むよろこびを実感できるまちづくりが図られるよう行政運営に意見・提言を行うため、大佐町まちづくり審議会(以下「審議会」という。)を設置する。
(構成)
第2条　審議会は、各地区社会福祉協議会で選出された地区委員、多様なコミュニティーからの公募委員で構成する。
2 委員の定数は、25名以内とする。
(1) 地区委員は、各地区社会福祉協議会内集落数の5分の1以内とする。
(2) 多様なコミュニティーからの公募委員は、一般公募とし応募のあった者の中から、町長が議会と協議のうえ12名以内を選任する。
3 審議会に会長1名、副会長2名を置き、会長、副会長は委員の互選によるものとする。
(1) 会長は、会務を総括し、審議会の議長となる。
(2) 副会長は、会長を補佐し、会長事故のあるときは、その職務を代行する。
4 審議会は、その活動内容を充実させるため適切なアドバイザーを委嘱することができる。
5 審議会の庶務は、総務課において処理する。

（任務）
第3条　審議会は、地域の自治活動に関わる総合的な課題について協議し、行政運営に意見・提言する。
2　委員は、町民の代表として行政の運営に参画すると共に「対等協力・官民協働」の理念に基づき、各地区及びコミュニティーの良好な関係づくりを推進する。
（意見・提言の尊重）
第4条　町は、審議会の意見・提言を最大限尊重し、住民主導のまちづくりに努めるものとする。
（任期）
第5条　委員の任期は、3年とする。但し、再任は妨げない。
（会議）
第6条　会議は、会長が招集し、委員の半数以上の出席をもって成立する。
（報酬及び費用弁償）
第7条　委員の報酬及び費用弁償は、「非常勤の委員会委員等の報酬及び費用弁償の額並びに支給方法に関する条例」を準用する。
　　　　附　則
この条例は、平成16年2月11日から施行する。

埼玉県 宮代町

宮代町市民参加条例

▶市民参加を将来にわたり約束／参加方法をルール化

2003年（平成15年）12月10日議決

　宮代町は市民参加のまちづくりを将来にわたって約束する条例として、町民参加で条文を作成した。2002年に職員プロジェクトチームを設置し、住民及び職員を対象に意識調査を実施した。2003年2月からは公募住民16名と職員12名で組織する市民参加条例制作チームを設置した。全体会や部会を重ね7月に市民参加条例草案が作成された。その後パブリックコメントを実施し、フォーラムも開催、意見を反映しての草案の最終案ができた。町長はこの案を議会に提案し可決された。

　第5条、第6条で市民参加の対象となる行政分野を定め、政策や事業の市民参加を必要な段階から実施すると規定した。

　市は市民参加計画を毎年度公表し、その内容は行政が判断した市民参加を実施する行政分野における事業内容と、市民参加の手法、時期などを定めると規定した。市民参加の手法は、審議会、パブリックコメント、フォーラム、意識調査などで、このうちの1以上を用いるとした。また、総合計画等基本政策を定める場合は、審議会のほかに1以上の市民参加手法を用いることとした。審議会は一部若しくは全部の委員を公募によると規定し、公募状況の公開や、委員の構成への配慮状況を市民に公開する。公募委員に関する登録制度も創設した。住民投票は個別の条例によるとしている。

条例本文は下記ホームページの例規集にあります。

HP：http://www.town.miyashiro.saitama.jp/

埼玉県・宮代町

町 役 場：〒345-8504
　　　　　埼玉県南埼玉郡宮代町中央3-6-11
　　　　　（下車駅　東武伊勢崎線　東武動物公園駅）
電　　話：(0480) 34-1111
人　　口：34,159人

世 帯 数：11,932世帯
面　　積：15.95km^2
人口密度：2,141.63人／km^2
特 産 品：地酒「宮代そだち」、巨峰ワイン、せんべい
観　　光：古利根川、東武動物公園

備考欄

類似条例
和光市市民参加条例
(2003年10月3日議決)
高知市民と行政のパートナーシップのまちづくり条例
(2003年4月1日公布)

高知県 高知市

高知市民と行政のパートナーシップのまちづくり条例

▶前文を方言で／条文も平易な文章でわかりやすく表現

2003年（平成15年）4月1日公布

　高知市の条例前文は、まちづくりをするのは「みんなあにとって『のうがえいまち』（居心地のいいまち）にしたいき」「どう、まちづくり一緒にやろうや」と呼びかけるかたちで書かれている。

　特徴は、第5条で合意に至る過程の尊重をしてまちづくりを進めるとしていること。また、4章の市の役割の中で、第15条に市民の意見を反映したコミュニティ計画の策定を定めている。第16条で職員に対して、職員研修によるパートナーシップのまちづくりの意識の高揚や実践力の向上を図るだけではなく、市職員が一市民として、市民活動に参加できる環境整備を進めるとした。市民活動の拠点整備や基金への出えんも定め、市民活動サポートセンター条例の改正も同時に行って、条例の実効性を担保している。

　条例に基づく諸制度や事業が適正に機能しているのか調査、審議する機関として第20条で「市民と行政のパートナーシップのまちづくり条例見守り委員会」を設置した。委員会は15人で構成し、任期は2年で、調査・審議の結果を市長に意見を述べることができるとしている。

条例本文は下記ホームページの例規集にあります。

HP：http://www.city.kochi.kochi.jp/joho/hp/index.htm

高知県・高知市

市　役　所：〒780-8571
　　　　　　高知県高知市本町五丁目1-45
　　　　　　（下車駅　土讃線　高知駅）
電　　　話：(088) 822-8111
人　　　口：326,677人
世　帯　数：144,742世帯

面　　　積：144.98km^2
人口密度：2,253人／km^2
特　産　品：ユリ科の花グロリオサ、四方竹、
　　　　　　土佐錦魚、珊瑚、尾戸焼、地酒
観　　　光：桂浜、高知城、坂本龍馬記念館

備　考　欄

類似条例
　和光市市民参加条例（2003年10月3日議決）
　宮代町市民参加条例（2003年12月10日議決）

埼玉県
志木市

志木市市民との協働による行政運営推進条例

▶行政パートナー（NPO法人等）、市民の守秘義務などを条例化

2003年（平成15年）6月1日施行

　志木市は、財政状況の悪化や少子高齢化が進み、税収などが減少しても、市民の知識経験や能力を活かし、市と市民が協働で行政運営を行い、現状の行政サービスを維持し、自立した都市を築いていくことを目的として条例を制定した。

　条例では、行政パートナーを、市に登録された市民公益活動団体（主に同市内を拠点にして、自発的かつ自立的に、営利を目的としない社会公益活動をしているNPO法人やボランティア団体など）のうち、実際に市と業務委託契約を締結（パートナーシップ協定）し、業務を実施する団体と定義。市民が安心して行政サービスが受けられるよう、行政パートナー及びその構成員は、①市民の公務に対する信用を傷つけるような行為をしてはならない（信用失墜行為の禁止）②業務上知り得た秘密を漏らしてはならない（秘密を守る義務）③個人、法人に関する情報をみだりに他人に知らせたり、業務以外の目的に使用してはならない（プライバシーの保護）との禁止行為を明記。登録団体や構成員が違反行為をした場合は、登録を取り消すとしている。

　この制度は、03年8月から具体的に出発し、当面、4業務を行政パートナーに委託した。対象業務は、市本庁舎総合受付窓口サービス、郷土資料館管理運営、いろは遊学館受付等、運動場施設管理運営、などで、03年度の終わりに「市民協働業務評価委員会」の事務事業評価を受け、04年度も同じパートナーを業務受託団体とした。

条例本文は下記ホームページの例規集にあります。

HP：http://www.city.shiki.saitama.jp/

埼玉県・志木市

市 役 所：〒353-8501　埼玉県志木市中宗岡1-1-1　（下車駅　東武東上線　志木駅）	世 帯 数：25,755世帯
	面　　積：9.06km²
電　　話：(048) 473-1111	人口密度：7,259人／km²
人　　口：65,770人	特 産 品：プラスチック製品
	観　　光：いろは樋の大桝、田子山富士

備 考 欄

類似条例
　浜松市市民協働推進条例（2003年3月25日公布）

静岡県
浜松市

自治制度

浜松市市民協働推進条例

▶パートナーシップへ組織整備／基金も創設

2003年（平成15年）3月25日公布

浜松市は市民、市民活動団体、事業者と共同して地域社会を築くことを目的に市の基本理念を明らかにする条例を制定した。

市民協働の基本理念は、相互に情報を共有し、協力、支援しあうことと定め、その為の公正性、透明性の確保によるパートナーとしての役割を明確にした。

第7条で市の責務として市民協働の環境づくり、職員の意識改革を図ることを規定した。第8条の基本施策として市民等が市政に参画できる機会づくり、相互に支援できる仕組みづくりに市は取り組み、活動拠点の確保と人材開発の環境整備を行うとした。このための市の組織整備も定めている。市政への参画機会の充実のため、第9条では政策形成段階から情報を提供し、多様な参画機会を整備することを定めた。第10条では、市が行う業務への参入機会を市民団体に拡大し、委託などの方法で、公募・公開を原則とした対等な関係を市民団体と保つことを定めている。また、市民活動を推進するために基金を設置し、この基金から市民活動団体に市長は助成を行う。助成の対象団体の選定は、市民協働推進委員会が審査を行うとした。第12条で規定したこの委員会は10人で構成され、市民、市民活動団体、事業者や学識経験者を市長が委嘱する。2年の任期で再任は1回のみとした。

条例本文は下記ホームページの例規集にあります。

HP：http://www.city.hamamatsu.shizuoka.jp/

```
                    静岡県・浜松市
-----------------------------------------------------------------
市 役 所：〒430-8652                  世 帯 数：227,612世帯
         静岡県浜松市元城町103-2       面   積：256.88km²
         （下車駅　東海道本線　東海道   人口密度：2,644.31人/km²
         新幹線　浜松駅）              特 産 品：うなぎ、すっぽん、花
電   話：(053) 457-2111               観   光：浜名湖、フラワーパーク、フル
人   口：601,878人                              ーツパーク
```

備考欄

類似条例
　志木市民との協働による行政運営推進条例（2003年6月1日施行）

北海道 奈井江町

奈井江町合併問題に関する住民投票条例

▶子どもの権利条例を反映して小学5年生以上の子ども投票を規定

2003年（平成15年）9月22日公布

奈井江町は中空知4市5町（芦別市、赤平市、歌志内市、滝川市、砂川市、奈井江町、浦臼町、雨竜町、上砂川町、新十津川町）で任意の合併協議会を開いてきたが、合併を前提とする「法定協議会」への参加について、各自治体の意向を11月末までに確認することを申し合わせた。

合併に関して民意に基づく選択を行うため、条例を制定し、住民投票を実施した。

投票は町長が執行し、選挙管理委員会に委任するよう定めた。投票資格は1985年4月1日以前（18歳以上）に生まれ、3ヶ月以上町に住所を有する者で永住外国人を含む町民とした。不在者投票、郵便投票の規定も盛り込まれている。

大きな特徴である子ども投票は第17条で規定した。子ども投票は、奈井江町子どもの権利に関する条例の趣旨に則り、1985年4月2日から1993年4月1日までの間に生まれた者（小学校5年生から高校生相当）は、合併問題の意向に関する投票が投票所で行えると定めた。子ども投票の結果は町長、議会はこれを参考にすると明記した。正式な条例上で定めた子ども投票は全国初の規定。住民投票は、10月26日に執行された。また、子ども投票も22日と26日に行われた。開票の結果は「合併しない3,258票（73.05％）」「合併する1,168票（26.19％）」「無効等34票（0.76％）」。子ども投票の結果では「合併しない378票（84.00％）」「合併する71票（15.78％）」「無効等1票（0.22％）」であった。

町長は合併しない方針を議会で表明した。

条例本文は下記ホームページの例規集にあります。

HP：http://www.town.naie.hokkaido.jp/

北海道・奈井江町

町役場：	〒079-0392 北海道空知郡奈井江町字奈井江11 （下車駅　函館本線　奈井江駅）
電話：	(0125) 65-2111
人口：	7,316人
世帯数：	3,127世帯
面積：	88.05km^2
人口密度：	83.1人／km^2
特産品：	メロン、ゆりね、バター羊羹、減農薬米
観光：	ないえ温泉、不老の滝、美唄山

備考欄

平谷村（長野県）は、同様の住民投票条例で、投票資格者を中学生以上とし、障害者等への代理投票を規定している。

神奈川県 城山町

城山町外部監査契約に基づく監査に関する条例

▶町村では全国初／議員提案で条例化

2003年（平成15年）9月26日公布

自治体の外部監査制度は自治法改正で1999年4月に施行導入された。義務化された自治体は都道府県、政令市、中核市で95団体となった。区町村は義務化されておらず、城山町の導入が全国初となった。

条例は議員提案を総務委員会で可決し、本会議で採択した。

外部監査には包括外部監査と、個別外部監査があるが、城山町条例では、双方を実施できるように規定した。

契約に基づく外部監査制度は、地方自治法の第2条14項の「最小の経費で最大の効果を挙げるようにしなければならない」第2条15項「常にその組織及び運営の合理化に努めるとともに、他の地方公共団体に協力を求めてその規模の適正化を図らなければならない」という法的根拠に基づき、弁護士、公認会計士、税理士などの中から議会の議決を経て契約をする制度。

包括外部監査は財務監査、財政援助団体への監査で、経費の効率的運営、適正化を主に監査を行う。個別外部監査は住民の直接請求、議会の要求による事務監査、長の要求による監査、住民監査請求に基づく監査を行う。

従来、自治体には地方自治法195条1項による監査委員制度があるが、通常行っている定期監査、決算監査、例月出納検査などは監査委員が行い、行政内部の組織や事務手続の効率性や迅速性などシステムチェックにあたる部分を外部監査に委ねる例が多い。また、住民監査請求など従来の監査委員制度に替わって外部監査を利用することも条例で定めた。

条例本文は下記ホームページの例規集にあります。

HP：http://www.town.shiroyama.kanagawa.jp/

神奈川県・城山町

町役場	〒220-0192 神奈川県津久井郡城山町久保沢一丁目3-1 （下車駅　横浜線　橋本駅からバス）
電話	(042) 782-1111
人口	23,318人
世帯数	8,093世帯
面積	19.90km^2
人口密度	1,171.76人／km^2
特産品	しろやま梅ワイン、しろやま生みたてプリン、もみじ卵
観光	本沢梅園、県立津久井湖城山公園、町民の森散策路（城山湖）小倉橋

備考欄

類似条例
豊島区外部監査契約に基づく監査に関する条例（2000年4月1日施行）

東京都武蔵野市

武蔵野市児童の虐待の防止及び子育て家庭への支援に関する条例

▶児童虐待防止と子育て支援へ子育てSOS支援ネットワーク／関係機関の連携を盛る

2003年（平成15年）12月18日公布

武蔵野市は、児童虐待事件の多発や、子育てが難しい家庭の増加などに対して、子育てSOS支援センターを設置し、子育て家庭への支援を強化した。

児童虐待に関しては、相談から保護・措置までの法に基づく権限は都道府県が設置する児童相談所に与えられているが、同市を管轄する杉並児童相談所は、杉並区、中野区、三鷹市、武蔵野市の111万人（国基準は50万人）の住民を管轄。急増する児童虐待ケース件数に十分な対応がとれないことも条例制定の背景となっている。

条例では、「市は児童虐待を防止し、子育て家庭への支援を行うため、必要な支援策を実施しなければならない」と市の責務を定め、家庭訪問、指導、援助、早期発見、広報・啓発の実施と総合的な子育て支援ネットワークの構築を規定した。

条例の目的、市の責務を果たすため「子育てSOS支援センター」を設置。同センターが事務局となって児童相談所、保健所、民間子育て機関等と連携して子育て支援ネットワークを機能させるとしている。ネットワーク構成員には守秘義務を課した。

条例本文は下記ホームページの例規集にあります。

HP：http://www.city.musashino.tokyo.jp/

東京都・武蔵野市

市 役 所：〒180-8777
　　　　　東京都武蔵野市緑町2-2-28
　　　　　（下車駅　中央線　三鷹駅）
電　 話：(0422) 51-5131
人　 口：131,388人

世 帯 数：65,828世帯
面　 積：10.73km^2
人口密度：12,244.92人／km^2
特 産 品：うど
観　 光：井の頭恩賜公園

備考欄

武蔵野市子育てSOS支援センター
・市役所子ども家庭課内に設置
・業務内容
　①相談
　　電話相談　月曜日～土曜日　AM8：30～PM10：00
　　フリーダイヤルでも受付
　　来所相談、訪問相談、メールでの相談
　②子育てショートスティ
　　対象児童　2才～小学校6年生
　　7泊まで可能
　　養育は児童養護施設、1日2名まで可能
　③地域のネットワークづくり

福井県 武生市

武生市児童育成手当条例

▶独自条例で児童扶養手当を父子家庭にも支給

2003年（平成15年）3月28日公布

母子家庭に関しては国の法律で定められた児童扶養手当が支給されるが、同様の境遇にある父子家庭には支給されない。武生市は児童育成手当条例を制定して、父子家庭にも同様の手当で支給を行った。支給対象は、母親がいない子ども（子どもとは、18歳年度末まで。）の父親、母親が重度の障害者である子どもの父親。所得制限など支給条件は母子家庭への児童扶養手当と同じにした。また、支給額も第4条で児童扶養手当法の額と同額と定めた。2002年の法改正で所得の計算方式が複雑になったが、おおむねの手当額（月額）は、年間の収入が130万円未満の人で全部支給になり、子ども1人42,370円。収入130万円以上365万円未満の人は一部支給で、所得に応じて月額42,360円〜10,000円まで10円きざみの額となる。第2子については月額5,000円、第3子以降については1人につき月額3,000円が加算される。支給月は原則として、毎年12月、4月、8月で、この手当を受けるには、「認定請求書」を市児童家庭課へ提出する。

茨城県古河市も同様の父子家庭への手当制度を条例化し、2003年7月1日施行した。古河市児童育成手当条例は、手当は母子家庭の半額とした。

条例本文は下記ホームページの例規集にあります。

HP：http://www.city.takefu.fukui.jp/

福井県・武生市

市役所：〒915-8530 福井県武生市府中1-13-7 （下車駅　北陸本線　武生駅）	面　　積：185.32km² 人口密度：385.07人／km²
電　話：(0778) 22-3000	特産品：越前打刃物、武生スイカ、スポーツウェア
人　　口：71,362人	
世帯数：22,017世帯	観　光：たけふ菊人形、紫式部公園、越前の里

備考欄

類似条例
　古河市児童育成手当条例（2003年7月1日施行）

岐阜県
多治見市

多治見市子どもの権利に関する条例

▶「児童の権利に関する条約」の精神を踏まえ制定

2003年（平成15年）9月25日公布

　多治見市は「子どもの権利検討委員会」の答申を尊重した条例を制定した。

　内容は国際基準である「児童の権利に関する条約」を前提に、子どもの権利が守られていない現実があり、子どもたちに子どもの権利があることが伝えられていない中で、わかりやすい言葉遣いで作られている。市では、2001年から「たじみ子ども会議」を開催し、子どもスタッフが前文の検討などを行った。これは『子どもの権利条約』の中のひとつである「子どもが意見表明をする権利」を保障するとともに、市政へ子どもの意見を反映するためで、子ども会議は条例第11条に定められ、継続して開催されている。第5条でも子ども自身の権利に関する学習を支援することが明記された。権利の保障をする救済機関は、「子どもの権利擁護委員会」として第13条に規定された。権利侵害の相談に応じ、救済が必要な場合は、調査、調整、勧告、是正要請と措置の報告を求める権限が定められた。委員は3人で任期は3年、議会の同意を得て市長が選任する。また、条例の実施状況を検証し、子どもの権利を保障する目的で「子どもの権利委員会」を10人で組織し、調査や審議を行うと定めた。委員会は市民から意見を求め、市長に提言ができる。

条例本文は下記ホームページの例規集にあります。

HP：http://www.city.tajimi.gifu.jp/section_news/bunka/kodomonokenri/menu.htm

岐阜県・多治見市

市 役 所：〒507-8703
　　　　　岐阜県多治見市日ノ出町2-15
　　　　　（下車駅　中央本線　多治見駅）
電　　話：(0572) 22-1111
人　　口：104,748人
世 帯 数：35,434世帯

面　　積：77.79km^2
人口密度：1,347人／km^2
特 産 品：陶磁器、たじみあられ
観　　光：虎渓山永保寺、神言会多治見修
　　　　　道院、安土桃山陶磁の里

備 考 欄

「児童の権利に関する条約」
　1989年国連総会で採択され日本では1994年5月22日発効した。2004年2月12日現在で署名国数140、締約国数192である。1996年に日本政府が児童の権利委員会に第1回報告を行ったが、45項目の懸念と改善への提案・勧告を受けた。特に教育、司法での子どもの権利に関する認識に関して指摘が多い。

富山県 小杉町

小杉町子どもの権利に関する条例

▶町民参画、子ども参画の組織づくりで条例制定

2003年（平成15年）4月1日施行

　国は「児童の権利に関する条約」を1994年に批准したが、条約だけでは現実の効力を発揮することはできないと、小杉町は、子どもを含む住民の生活に直結した地方自治体が施策の中に理念を反映させる目的で条例の制定を行った。条例の策定過程をとおして、子どもの権利に対する意識や理解を深めることも大きな目的とした。そのために、1999年から町民ワーク会議、子供ワーク会、策定連絡会議、世話人会議等延べ100回以上の会議を開催し、多くの意見・提言を受けた。町民意識調査を1,000名、子ども意識調査は2,000名と行い、策定世話人会議において具体的な条例文を作成している。2003年2月に町民集会を開き最終案を核にして3月議会で議決した。

　条例では前文で「児童の権利に関する条約」の理念に基づく条例であることを明記した。第18条では、町の施策の推進にあたって配慮すべき事項を定め、①子どもの最善の利益に基づくものであり、②親等、施設関係者、地域社会との連携で一人一人の子どもを支援するものであり、③教育・福祉・医療との連携調整を図ったものであり、④子どもの権利委員会の検証結果に配慮したものであることが求められている。第19条で「子どもの権利委員会」が権利の保障状況を検証し提言する機関として規定された。

条例本文は下記ホームページの例規集にあります。

HP：http://www.town.kosugi.toyama.jp/

児童・家庭

富山県・小杉町

町役場：〒939-0393　富山県射水郡小杉町戸破1511　（下車駅　北陸本線　小杉駅）	面　積：41.22km² 人口密度：787.09人／km²
電　話：(0766) 56-1511	特産品：黒河たけのこ、池多すいか、小杉メロン、平野大根
人　口：32,444人 世帯数：10,092世帯	観　光：小杉丸山遺跡、大もみじ（天然記念物）経嶽山、女池

備考欄

「児童の権利に関する条約」に基づいた取り組み状況は、虐待、いじめ、体罰などの現実の進展に比較して、国や自治体の条例制定などの環境整備の進展は遅れている。

類似条例
川西市子どもの人権オンブズパーソン条例（1998年）、埼玉県子どもの権利擁護委員条例、川崎市子どもの権利に関する条例（2000年）奈井江町子どもの権利に関する条例（2001年）

山梨県
大月市

大月市子育て支援手当支給条例

▶第3子以降に祝い金の合計100万円／人口減少に歯止めが目的

2003年（平成15年）12月22日議決

　条例制定の目的は出生の奨励と子育て支援としている。支給される子育て支援の手当は、第3子以降の子を出産した時の出産育児支援手当と、その子が小学校又は中学校に入学するときに支給する就学支援手当の2種類。

　出産育児支援手当の支給の要件は、出産日の前に1年以上大月市に住所を有し住民票か外国人登録原票に登録されている者で、引き続き3年以上大月市に居住する意志のある者。

　就学支援手当は、対象児童が小学校、中学校に入学する前の1年間大月市に居住し、住民登録していること。支給を受けて以降3年間は居住の意志があることとなっている。

　手当の額は、出産育児支援手当は50万円。小学校入学時には30万円。中学校入学時には20万円とした。第3子が出生から中学卒業まで大月市に在住すると合計100万円支給されることとなる。改正前は、第3子から30万円の出生祝い金を出していたが、増額となった。2004年度の対象者は30人程度で、約3千万円の支出となる。同時に未就学児の医療費無料化制度を小学生全体まで広げる条例改正も行った。財源は、市長給与の1割削減のほか、2004年度からは、3役の給与削減など。

条例本文は次ページにあります。

山梨県・大月市

市　役　所：〒401-8601
　　　　　　山梨県大月市大月2-6-20
　　　　　　（下車駅　中央本線　大月駅）
電　　　話：(0554) 22-2111
人　　　口：32,578人
世　帯　数：10,772世帯

面　　　積：280.30km^2
人口密度：116.23人／km^2
特　産　品：織物、しいたけ、茶、うこん
観　　　光：猿橋（日本三大奇橋）、岩殿山
　　　　　　など秀麗富嶽12景

備考欄

類似条例
大洗町浜っ子すこやか報奨基金の設置・管理及び処分に関する条例
（2001年4月1日施行）
武芸川町少子化対策特別手当支給条例（2000年4月1日施行）

大月市子育て支援手当支給条例

(目的)
第1条 この条例は、次代を担う児童の増加を願い、出生を奨励するとともに、子育てを支援するため、大月市子育て支援手当(以下「支援手当」という。)を支給することにより、子どもたちの健やかな成長と活力ある市の発展に寄与することを目的とする。
(用語の定義)
第2条 この条例において、次の各号に掲げる用語の意義は、当該各号に定めるところによる。
(1) 児童 18歳に達した日以後における最初の3月31日までの者をいう。
(2) 保護者 児童を保護(監護し、かつ、その生計を主として維持することをいう。以下同じ。)する父若しくは母又は父母に保護されない児童を保護する者をいう。
(3) 支給要件児童 3人以上の児童を養育する世帯における児童のうち、第3子以降の者をいう。
(支援手当の種類)
第3条 前条に掲げる支援手当は、次の種類とする。
(1) 第3子以降の子を出産したときに支給する出産育児支援手当
(2) 第3子以降の子が小学校又は中学校に入学するときに支給する就学支援手当
(支給要件)
第4条 出産育児支援手当は、現に2人以上の児童を養育している保護者が第3子以降の新生児を出産した場合であって、次の各号のいずれにも該当する者に限る。
(1) 出産日の前1年以上大月市に住所を有し、住民基本台帳法(昭和42年法律第81号)に規定する本市の住民票又は外国人登録法(昭和27年法律第125号)に規定する本市の外国人登録原票に記載又は登録(以下「住民登録」という。)されている者
(2) 支給要件児童と同一の世帯として本市に住民登録されている者
(3) 出産育児支援手当を受給して以後、支給要件児童とともに引き続き3年以上大月市に居住する意思のある者
2 就学支援手当は、支給要件児童が小学校又は中学校に入学するとき、現に3人以上の児童を養育する保護者であって、次の各号のいずれにも該当する者に支給する。
(1) 支給要件児童とともに大月市に引き続き1年以上居住し、本市に住民登録されている者
(2) 就学支援手当を受給して以後、支給要件児童とも引き続き3年以上大月市に居住する意思のある者
(申請及び認定)
第5条 前条の支給要件に該当する者が出産育児支援手当又は就学支援手当の支給を受けようとするときは、規則で定める申請書を市長に提出し、その支給について市長の認定を受けなければならない。
(支援時期及び支給額)
第6条 支援手当の支給時期及び支給額は、別表のとおりとする。
(支援手当の返還)
第7条 市長は、偽りその他不正の手段によって支援手当を受けた者があるときは、受給者に対し支援手当の全部又は一部を返還させることができる。ただし、市長が特に相当な理

由があると認めたときは、支援手当の返還を免除することができる。
(委任)
第8条　この条例の施行に関し必要な事項は、規則で定める。

　　　附　則
この条例は、平成16年4月1日から施行する。

≪別表≫

手当の種類	支給時期	支給額
出産育児支援手当	出生時	500,000円
就学支援手当	小学校入学時又は市長が別に定めた時期	300,000円
	中学校入学時又は市長が別に定めた時期	200,000円

茨城県
大洗町

大洗町営住宅管理条例（改正）

▶新しい町営住宅完成を期に「若い夫婦大歓迎と」町外に門戸を開く

2003年（平成15年）3月1日改正施行

　大洗町では今まで四つの町営住宅（計248戸）があり、新たに30戸の町営住宅が完成するのに合わせて、人口増加を図るため、これまで町内在住・在勤者だけに限定していた町営住宅の申し込み資格を県内在住者などに拡大する条例改正を行った。

　条例第6条（入居者の資格）第1項第1号を「町内に住所又は勤務場所を有するもの及び町外に住所を有するもので別に定める要件に該当するものであること」と改正をして、あわせて施行規則を改正した。

　施行規則に第3条（入居者の資格）を新たに挿入し、条例第6条第1項第1号の町外に住所を有する者の条件を規定した。その条件は、①県内に住所を有する者　②町に本籍を有する者　③町に親族（血族、姻族3親等内）が住所を有している者　④町に以前住所を有していた者、のうちいずれか一つに該当する者となっている。町外の者へ入居資格を付与する例は少ない。

　条例第6条（入居者の資格）第1項第1号以外の入居資格は従来のままで、町外の人もあくまで所得制限や、同居親族（婚姻の予約者を含む）があることなどの条件をクリアした上でないと入居資格は無い。

　同町では「若い、特に子どもを持った夫婦に町に来てもらいたい」としている。条例は3月1日に施行され、新しい町営住宅は新条例に沿って3月3日から入居者募集をした。

条例は次ページにあります。

住宅

茨城県・大洗町

町役場：〒311-1392　茨城県東茨城郡大洗町磯浜町6881-275　（下車駅　鹿島臨海鉄道大洗鹿島線　大洗駅からバス）	世帯数：6,720世帯
電　話：(029) 267-5111	面　積：23.19km^2
人　口：19,746人	人口密度：851.49人／km^2
	特産品：海産物、水産加工品
	観　光：大洗海浜公園、サンビーチキャンプ場

備考欄

目次
　第1章　総則（第1条・第2条）
　第2章　町営住宅の設置（第3条）
　第3章　町営住宅の管理（第4条－第42条）
　第4章　社会福祉事業等への活用（第43条－第49条）
　第5章　駐車場の管理（第50条－第58条）
　第6章　雑則（第59条・第60条）
附則

大洗町営住宅管理条例（抜粋）

第1章　総則
（趣旨）
第1条　この条例は、公営住宅法（昭和26年法律第193号。以下「法」という。）及び地方自治法（昭和22年法律第67号）第244条の2第1項の規定に基づき、町営住宅及び共同施設の設置及び管理について、法、公営住宅法施行令（昭和26年政令第240号。以下「令」という。）及び公営住宅法施行規則（昭和26年建設省令第19号）に定めるもののほか、必要な事項を定めるものとする。
（定義）
第2条　この条例において、次の各号に掲げる用語の意義は、それぞれ当該各号に定めるところによる。
　(1)　町営住宅　法第2条第2号の規定により町が国の援助を受けて建設を行い、住民に賃貸するための住宅及びその付帯施設をいう。
　(2)　共同施設　法第2条第9号及び公営住宅法施行規則第1条に規定する施設をいう。
　(3)　収入　令第1条第3号に規定する収入をいう。
　(4)　町営住宅建替事業　町が施行する法第2条第15号に規定する公営住宅建替事業をいう。
　　第2章　町営住宅の設置
第3条　町長は、町営住宅を設置する。
2　町営住宅の名称、位置その他必要な事項は、町長が規則で定める。
　　第3章　町営住宅の管理
（入居者の公募の方法）
第4条　町長は、入居者の公募を次の各号に掲げる方法のうち、2以上の方法によって行うものとする。
　(1)　町の広報紙
　(2)　町のホームページ
　(3)　町庁舎その他町の区域内の掲示場所における掲示
　(4)　防災行政無線による提示放送
　(5)　新聞
　(6)　ラジオ
2　前項の公募にあたっては、町長は、町営住宅の位置、戸数、規格、家賃、入居者資格、申込方法、選考方法の概略、入居時期その他必要な事項を公示する。
（公募の例外）
第5条　町長は、次の各号に掲げる事由に係る者については、公募を行わず、町営住宅に入居させることができる。
　(1)　災害による住宅の滅失
　(2)　不良住宅の撤去
　(3)　法による公営住宅建替事業による公営住宅の除却
　(4)　都市計画法（昭和43年法律第100号）第59条の規定に基づく都市計画事業、土地区画整理法（昭和29年法律第119号）第3条第3項若しくは第4項の規定に基づく土地区画整理事業、大都市地域における住宅及び住宅地の供給の促進に関する特別措置法（昭和50年法律第67号）に基づく住宅街区整備事業又は都市再開発法（昭和44年法律

第38号）に基づく市街地再開発事業の施行に伴う住宅の除却
(5) 土地収用法（昭和26年法律第219号）第20条（第138条第1項において準用する場合を含む。）の規定による事業の認定を受けている事業又は公共用地の取得に関する特別措置法（昭和36年法律第150号）第2条に規定する特定公共事業の執行に伴う住宅の除却
(6) 現に公営住宅に入居している者（以下この号において「既存入居者」という。）の同居者の人数に増減があったこと又は既存入居者若しくは同居者が高齢、病気等によって日常生活に身体の機能上の制限を受ける者となったことにより、町長が入居者を募集しようとしている町営住宅に当該既存者が入居することが適切であること。
(7) 公営住宅の入居者が相互に入れ替わることが双方の利益となること。
（入居者の資格）
第6条 町営住宅に入居することができる者は、次の条件を具備する者でなければならない。
(1) 町内に住所又は勤務場所を有する者及び町外に住所を有するもので別に定める要件に該当する者であること。
(2) 現に同居し、又は同居しようとする親族（婚姻の届出をしていないが事実上婚姻関係と同様の事情にある者その他婚姻の予約者を含む。第12条において同じ。）があること。
(3) その者の収入がア、イ又はウに掲げる場合に応じ、それぞれア、イ又はウに掲げる金額を超えないこと。
　　ア　入居者が身体障害者である場合その他の令第6条第4項で定める場合　令第6条第5項第1号に規定する金額
　　イ　町営住宅が法第8条第1項若しくは第3項若しくは激甚災害に対処するための特別の財政援助等に関する法律（昭和37年法律第150号）第22条第1項の規定による国の補助に係るもの又は法律第8条第1項各号のいずれかに該当する場合において町長が災害により滅失した住宅に居住していた低額所得者に転貸するため借り上げているものである場合　令第6条第5項第2号に規定する金額
　　ウ　ア及びイに掲げる場合以外の場合　令第6条第5項第3号に規定する金額
(4) 現に住宅に困窮していることが明らかな者であること。
(5) 県税及び市町村税を滞納していない者であること。
2 次の各号のいずれかに該当する者にあっては、前項第2号の規定にかかわらず、現に同居し、又は同居しようとする親族があることを要しない。ただし、身体上又は精神上著しい障害があるために常時の介護を必要とし、かつ、居宅においてこれを受けることができず、又は受けることが困難であると認められる者にあってはこの限りでない。
(1) 満50歳以上の者
(2) 身体障害者福祉法（昭和24年法律第283号）第15条第4項の規定により交付を受けた身体障害者手帳に身体上の障害がある者として記載されている者で当該手帳に記載されている身体上の障害の程度が身体障害者福祉法施行規則（昭和25年厚生省令第15号）別表第5号の1級から4級までであるもの
(3) 戦傷病者特別援護法（昭和38年法律第168号）第4条の規定により戦傷病者の交付を受けている者で当該手帳に記載されている身体上の障害の程度が恩給法（大正12年法律第48号）別表第1号表ノ2の特別項症から第6項症まで又は同法別表第1号表ノ3の第1款症であるもの
(4) 原子爆弾被爆者に対する援護に関する法律（平成6年法律第117号）第11条第1項の規定による厚生労働大臣の認定を受けている者

(5) 生活保護法(昭和25年法律第144号)第6条第1項に規定する被保護者
(6) 海外からの引揚者で本邦に引き揚げた日から起算して5年を経過していない者
3 町長は、入居の申込みをした者が前項ただし書に規定する者に該当するかどうかを判断しようとする場合において必要があると認めるときは、その指定する職員をして、当該入居の申込みをした者に面接させ、その心身の状況、受けることができる介護の内容その他必要な事項について調査させることができる。
4 町長は、入居の申込みをした者が第2項ただし書に規定する者に該当するかどうかを判断しようとする場合において必要があると認めるときは、現に居住する市町村に意見を求めることができる。
5 第2項に規定する者(以下「単身者」という。)の入居を認める町営住宅の規格は、居室数が2室以下又はその住戸面積が50平方メートル以下の規模の住宅(以下「小規模住宅」という。)とする。ただし、これにより難い場合には、町長が別に定める規格の住宅とすることができる。

(以下略)

大洗町営住宅管理条例施行規則(抜粋)

(趣旨)
第1条 この規則は、大洗町営住宅管理条例(平成9年大洗町条例第24号。以下「条例」という。)の規定に基づき、条例の施行に関し必要な事項を定めるものとする。
(町営住宅の名称及び位置等)
第2条 条例第3条第2項の規定による町営住宅の名称、位置等は、次の表のとおりとする。
 [表:略]
(入居者の資格)
第3条 条例第6条第1項第1号の規定する町外に住所を有する者は、次の各号の一に該当する者とする。
 (1) 県内に住所を有する者
 (2) 町に本籍を有する者
 (3) 町に親族(血族、姻族三親等内)が住所を有している者
 (4) 町に以前住所を有していた者

(以下略)

愛媛県 肱川町

ひじかわの森林(もり)を育む基金条例

▶水源かん養機能の充実に向け、基金創設／間伐材の利用促進運動なども支援

2003年（平成15年）4月1日施行

　肱川町は、木材価格の低迷、過疎・高齢化等により放置森林が増加する中、森林の持つ水源かん養機能、生活環境保全機能など公益的機能の低下を防ぐための基金条例を制定した。

　町一帯は犀野川湖を中心にした「愛媛県立肱川自然公園」に含まれている。古くから流域で産した材木や薪炭、和紙などが有名な地域であった。豊かな森林を維持し、上流の町としてきれいな水源を育む目的で、町民の理解を得ることが基金創設の目的。

　ダムや取水源の上流域で水源かん養機能の充実につながる森林や、環境・景観保全上重要な森林などを整備対象地域に指定。間伐を行い、下草を育成するとともに、広葉樹や照葉樹を植えて放置森林を減らすとともに森林を再生する。

　また町は、ボランティアによる森林整備や間伐材の利用促進運動などの支援も行う。

　03年度の当初予算に100万円を計上し、基金を設立した。単に森林保全に要する経費の一部を水の利用者に負担を求めるだけでなく、森林の持つ公益的機能についての町民理解とみんなで森を守るという町民の意識改革を図るため、町民から基金への寄付を募るものとなっている。

　町は、これまで「緑の募金」活動を行っており、これと合わせて一戸当たり500円の町民負担とし、そのうち300円分を基金への積み立て、200円分を「緑の募金」として使用するとしている。

条例本文は次ページにあります。

愛媛県・肱川町

町役場：〒797-1592　愛媛県喜多郡肱川町大字山鳥坂74（下車駅　予讃線　伊予大洲駅からバス）	人　　口：3,168人 世帯数：1,087世帯 面　　積：63.30km²
電　話：(0893) 34-2311	人口密度：50.05人／km² 特産品：トマト、かきもち 観　光：鹿鳴園、小薮温泉

備考欄

類似条例
　津久井町（神奈川県）中道志川トラスト基金条例（1998年7月2日施行）
　木曽森林広域連合　木曽森林保全基金条例（2003年11月20日公布）
　楢川村（長野県）　楢川村水源地域環境保全基金条例（2003年4月1日施行）

ひじかわの森林(もり)を育む基金条例

(趣旨)
第1条　この条例は、地方自治法(昭和22年法律第67号)第241条第1項の規定に基づき、ひじかわの森林を育む基金(以下「基金」という。)の設置及びその管理に関する事項を定めるものとする。
(設置)
第2条　森林の持つ公益的機能、特に水源かん養機能、生活環境保全機能の低下を防ぐための諸事業の円滑な推進に資するため、基金を設置する。
(積立)
第3条　基金に積み立てる額は、予算で定める額及び寄付金とする。
(管理)
第4条　基金に属する現金は、金融機関への預金その他の最も確実かつ有利な方法によりこれを保管しなければならない。
(運用益金の処理)
第5条　基金の運用から生ずる収益は、予算に計上して、基金に繰り入れるものとする。
(基金の使用)
第6条　基金を使用する場合は、その金額を一般会計の歳入に繰り出し、第2条の規定による設置の目的に該当する事業の財源として支出するものとする。
(委任)
第7条　この条例に定めるもののほか、基金の管理に関し必要な事項は、町長が別に定める。
　　　附　則
この条例は、平成15年4月1日から施行する。

ひじかわの森林(もり)を育む基金運用要領

第1　趣旨
　　森林は、木材の生産はもとより、水源のかん養、国土の保全等重要な役割を担ってきた。
　　しかしながら、木材価格の低迷、過疎・高齢化等により放置森林が増加し、水源かん養機能等公益的機能の低下が強く懸念されてきている。
　　このような中、町においても森林の適切な整備の推進を通じて森林の有する多面的機能の発揮に向け、「ひじかわの森林を育む基金条例」を制定し、水源かん養機能の充実を図るための広葉樹・照葉樹等の植樹、強度の間伐による下草の育成など公益的機能の充実・強化を図るものとする。
第2　事業の区分及び内容
　　事業の区分及び内容は、次のとおりとする。
　1　推進事業
　　・基金の目的を達成するため、森林の役割についての啓発・学習事業
　　・ボランティアによる森林整備や間伐材の利用促進運動などの支援
　2　森を育む事業
　　・森林の持つ公益的機能を高度に発揮するために、実施基準に該当する森林において実施

する、下層植生の導入促進事業や広葉樹導入促進事業、景観整備事業などの森を育む事業
　実施基準
　　整備対象地域は、下記の要件のいずれかに該当し、かつ一定のまとまりのある森林で、森林所有者の合意が得られたものとする。
　　① 　ダムの上流域で水源かん養機能の充実に効果が得られる森林
　　② 　取水源の上流域で水源かん養機能の充実に効果が得られる森林
　　③ 　環境・景観保全上重要な森林
　　④ 　上記いずれかに準ずる森林
第3　事業の実施
　　町長は、第2において定める事業の実施に当たり、その緊急性、効果等を総合的に評価し、基金の目的が達成できるよう事業の効果的な推進に努めるものとする。

　　附　　則
この要領は、平成15年度事業から適用する。

長野県
木曽広域連合

木曽森林保全基金条例

▶郡内11自治体が森林保全基金創設／下流域の愛知県内5自治体とも一体で

2003年（平成15年）11月28日公布

　木曽郡内11町村で組織する木曽広域連合は、水源域の森林整備を促進し、水循環型社会をつくるため、木曽森林保全基金を創設する条例を制定した。前年度の総水道使用量を基に1㌧当たり1円を11町村ごとに支出するもので、各町村が補正予算を組んで03年度から積み立てを始め、基金を使っての森林整備は05年度からとなる。

　広域連合は03年2月、木曽川下流で取水する愛知県豊明市など5市町で組織する愛知中部水道企業団と森林法に基づく木曽川「水源の森」森林整備協定を締結。水道企業団では既に、01年から同様の基金を積み立てており、上下流域が一緒になって森づくりを進める基盤が整った。

　木曽郡内で間伐の必要な民有林は約1万4千㌶あり、これを25年ほどかけて整備する方針。モデル事業として木祖村では03年度、民有林約30㌶で間伐に着手、04年度も郡内の数カ所でモデル事業を行い、05年度の本格開始に引き継ぐ。

条例本文は下記ホームページの例規集にあります。

HP：http://www.kisoji.com/kisokoiki/

長野県・木曽広域連合

事　務　局：〒399-6101　　　　　　　　　木曽文化公園内
　　　　　　長野県木曽郡日義村4898-37　　　電　話：（0264）23-1050

備　考　欄

木曽広域連合構成団体

木曽福島町：	〒397-8585	木曽福島町5129	人口　7,638人
上　松　町：	〒399-5603	上松町駅前通り2-13	人口　6,166人
南　木　曽　町：	〒399-5301	南木曽町読書3668-1	人口　5,648人
楢　川　村：	〒399-6302	楢川村大字平沢2221	人口　3,452人
木　祖　村：	〒399-6201	木祖村大字薮原1191-1	人口　3,651人
日　義　村：	〒399-6101	日義村1602	人口　2,711人
開　田　村：	〒397-0392	開田村大字西野623-1	人口　1,977人
三　岳　村：	〒397-0101	三岳村6311	人口　1,910人
王　滝　村：	〒397-0201	王滝村3623	人口　1,162人
大　桑　村：	〒399-5503	大桑村大字長野2778	人口　4,776人
山　口　村：	〒399-5192	山口村大字山口1605-1	人口　2,056人

長野県 楢川村

楢川村水源地域環境保全基金条例

▶水源林整備へ基金創設／水道使用量1トンにつき水道料を1円上乗せして積み立て

2003年（平成15年）4月1日施行

楢川村は、奈良井川下流域の松本、塩尻両市の水がめとなる県営奈良井ダムを抱え、将来の水源保全の財源確保を目的とした基金の設置条例を制定した。

水道使用量1トンにつき水道料を1円上乗せして積み立て、村内の森林整備に充てるというもので、水道利用者に負担を求める形での森林整備基金創設は県内で初めて。

村の年間水道使用量が約30万トンあることから、初年度の上乗せによる基金への積み立て額は、約30万円を見込み、これを財源とした森林整備は、村内すべての森林約1万haを対象としている。

同村など木曽郡内の11町村は、木曽広域連合を構成するが、楢川村は唯一、信濃川水系となっており、村南部が源流域の奈良井川は松本盆地を南から北へと横断。奈良井ダム下流で取水した水は松本市の給水量の78％、塩尻市の64％を占めていることから、広域連合が森林保全基金を検討する中、村独自の基金を創設した。

条例本文は次ページにあります。

長野県・楢川村

村役場：〒399-6302 長野県木曽郡楢川村大字平沢2221（下車駅　中央本線　木曽平沢駅）	人　　口：3,452人
電　話：(0264) 34-2001	世 帯 数：1,141世帯
	面　　積：117.82km^2
	人口密度：29.30人／km^2
	特 産 品：木曽漆器
	観　　光：中仙道奈良井宿

備考欄

類似条例

木曽森林保全基金条例（2003年11月28日施行）
豊田市水道水源保全基金条例（1994年4月1日施行）
豊田市は、水道料金のうち「使用量1m^3（トン）当り1円」を、水道の水源となる上流の森林保全に充てることとし、これを積立てる全国初の「豊田市水道水源保全基金」を設け、平成6年4月から積立てている。2003年12月末現在で積み立て額は約3億5,000万円。

楢川村水源地環境保全基金条例

（趣旨）
第1条　この条例は、地方自治法（昭和22年法律第67号）第241条の規定に基づき、楢川村水源地域環境保全基金について定めるものとする。
（設置）
第2条　楢川村は、水源地域環境保全事業の推進を図るため、楢川村水源地域環境保全基金（以下「基金」という。）を設置する。
（積立金額）
第3条　基金として積み立てる金額は、毎年度、歳入歳出予算で定める金額とする。
（管理）
第4条　基金に属する現金は、金融機関への預金その他最も確実かつ有利な方法により保管しなければならない。
（運用益金の処理）
第5条　基金の運用から生ずる収益は、予算に計上して、この基金に繰り入れるものとする。
（処分）
第6条　基金は、水源地域環境保全事業の推進を図るため必要があると認められる事業の財源に充てる場合に限り、処分することができる。
（補則）
第7条　この条例に定めるものを除くほか、基金の管理に関し必要な事項は、村長が別に定める。

　　　附　則
この条例は、平成15年4月1日から施行する。

**福岡県
福岡市**

福岡市節水推進条例

▶大型施設のトイレに雑用水利用を義務付け／全国初の節水条例

2003年（平成15年）12月1日施行

　福岡市は、水資源に恵まれていない同市の慢性的な水不足の不安を解消し、都市活動に必要な水の安定的な供給を図り、渇水に強い都市づくりを進めることを目的として、雑用水道の設置や節水を推進するための条例を制定した。

　条例では、商業ビルなどの大型建築物の水の供給のための設備のうち水洗便所の設備部分は、雑用水道としなければならないと義務付けている。雑用水道は、当該建築物等からの排水を処理した、水道水以外の水で水道水と比較して低水質の雑用水を使用する水道。

　対象建築物は、新築又は増築される延べ床面積5,000平方㍍（中心部の雑用水道促進区域は3,000平方㍍）以上の大型建築物で、マンションなど共同住宅や寄宿舎、倉庫、駐車場などは除外されている。

　雑用水道を設置しなかったり、雑用水道の技術基準に適合しない事業者には、市長は勧告を行い、従わない場合は氏名の公表するとしている。市民に対しても、節水型機器の使用に努めると規定した。

条例本文は下記ホームページの例規集にあります。

HP：http://www.city.fukuoka.jp/

福岡県・福岡市

市役所：〒810-8620　福岡県福岡市中央区天神1-8-1　（下車駅　地下鉄天神駅）	面　積：339.38km²
電　話：(092) 711-4111	人口密度：3,837.74人／km²
人　口：1,302,454人	特産品：博多織、博多人形、高取焼、博多曲物
世帯数：579,882世帯	観　光：博多祇園山笠、博多どんたく港まつり、海の中道海浜公園

備考欄

節水： ・関東弁護士会も節水条例の制定を提言し、各方面に働きかけている。
　　　・節水に関する補助制度は、松山市などが、節水につながる家庭用機器に対する助成制度を設けている。助成の対象は、風呂水給水ポンプ付き洗濯機、シングルレバー式湯水混合水栓、家庭用バスポンプ、雨水タンクなどの他、全国で初めて「食器洗い乾燥機」が補助対象となった。

岡山県
岡山市

岡山市情報公開条例（改正）

▶インターネットで公文書開示請求／開示文書はだれでも閲覧可能に、全国初

2003年（平成15年）9月25日議決

　岡山市は、03年11月より「岡山市のホームページから市の公文書の開示請求ができる新たな情報公開システム」の稼働にあたって、電子請求に関する情報の保護や、開示請求の一連の手続規定を新たに規定する目的で条例を改正した。

　条例では、開示請求や決定通知（開示・一部開示・非開示）を書面以外に電子計算機を使用して行うことが出来るものとし、開示請求は実施機関の使用する電子計算機、決定通知は請求者の使用する電子計算機に備えられたファイルに記録された時を、それぞれの到達日とする

と手続き規定が追加された。また開示決定等の期限の延長についても同様の規定が追加された。

　開示の実施は、紙に出力して行うこととしていたものを、電子計算機を使用して開示請求されたものは、実施機関が使用する電子計算機を使用して開示を行うことができるとした。

　インターネット上で開示請求や開示をすることにより、「何人も」「無料」で開示請求することが可能となった。また開示文書をだれでも閲覧することができるのは全国で初めてとなる。

条例本文は下記ホームページの例規集にあります。

HP：http://www.city.okayama.okayama.jp/

岡山県・岡山市

市 役 所：〒700-8544
　　　　　岡山県岡山市大供1-1-1
　　　　　（下車駅　山陽本線　岡山駅）
電　　話：(086) 803-1000
人　　口：621,809人
世 帯 数：248,170世帯

面　　積：513.28km^2
人口密度：1,211.44人／km^2
特 産 品：マスカット、ニューピオーネ、白桃、ままかり
観　　光：後楽園、岡山城、吉備路、足守まちなみ保存地区

備 考 欄

類似条例
　橿原市電子メールによる情報公開・及び公開に関する事務取扱要綱
　＊情報公開条例は、2003年に条例（含む要綱）制定されている市区町村は2890団体。制定率は市99.6％、区100％、町90.1％、村77.2％。

埼玉県
蕨　市

蕨市男女共同参画パートナーシップ条例

▶市の責務で必要な体制と財政上の措置を明文化／市民への表現にも留意事項

2003年（平成15年）6月1日施行

　蕨市の条例は、中学生にもわかりやすい表現の文章で制定された。特に男女平等に関する市の基本理念を明確にすることを目的としており、「固定的性別役割分担意識」「積極的格差是正措置」「ドメスティック・バイオレンス」など基本的な人権侵害に関する言葉の意味も国際的な人権基準に基づいている。市の責務として第4条で必要な体制を整え、財政上の措置を取ることを明文化した。また、市民に表示する情報において留意することとして、第8条で固定的性別役割分担意識や女性への暴力を助長する表現をしないことを規定した。また、地域に協働参画推進員をおき啓発・広報活動を進めるとした。

条例本文は下記ホームページの例規集にあります。

HP：http://www.city.warabi.saitama.jp/

埼玉県・蕨市

市役所：〒335-8501
　　　　埼玉県蕨市中央5-14-15
　　　　（下車駅　京浜東北線　蕨駅）
電　話：(048) 432-3200
人　口：68,609人
世帯数：31,124世帯
面　積：5.10km²
人口密度：13,452.74人／km²
特産品：せんべい
観　光：蕨宿本陣跡、蕨城址、和楽備神社、三学院

備考欄

女性差別撤廃条約
　女性に対するあらゆる形態の差別の撤廃に関する条約（女性差別撤廃条約）は1979年12月18日国連総会で採択され1985年日本国でも発効し、本格的な取り組みが進められた。政府男女共同参画推進本部の調べによると、2003年4月1日現在の全国市（区）町村3,213団体中、男女共同参画・女性に関する条例があるのは151団体で、全体の4.7％。2004年3月末までに制定予定と回答したのは144団体。合計9.2％となる。条約では国際機関の女性差別撤廃委員会（CEDAW）に実施状況を報告することが義務づけられており、日本は2003年7月、実施状況の報告に対する審議を受け、CEDAWは2003年8月に22項目にわたる懸念・要請・勧告を日本政府に行った。この22項目には「固定的性別役割の払拭」、「女性に対するあらゆる暴力の根絶」、「意志決定過程、特に政策決定過程への女性の参画の拡大」、「男女の賃金格差・間接差別の解消」、「民法に存在する差別的な法規定の廃止」等が含まれ、また審議経過で、自治体での条例制定状況に対する懸念も表明された。

人権（男女共同参画）

大阪府
豊中市

豊中市男女共同参画推進条例

▶ 全国初、家庭内暴力（DV）やセクハラ訴訟費用を貸付／加害者への是正勧告や調停も

2003年（平成15年）10月10日施行

1999年に男女共同参画社会基本法が施行されてから自治体での男女共同参画条例制定の取り組みが広がってきている。

豊中市は、家庭内暴力（DV）やセクシャルハラスメントの被害を受けた市民が訴訟を起こす際に費用を貸し付ける支援策を盛り込んだ条例を制定した。

条例では、人権侵害を受けた市民が行う訴訟等に要する費用に充てる資金を貸し付けると明記。「豊中市訴訟等に係る資金の貸付けに関する条例」も同時に制定した。自治体が家庭内暴力やセクハラ被害者への費用援助を条例で定めるのは全国で初めてとなる。

また、性別による差別的扱いなどによって人権が侵害された場合の苦情や救済の申出を受け付ける「男女共同参画苦情処理委員会」を設置。3人の委員により構成される委員会は、申出があったときは、調査を行い、必要があると認めるときは、助言、調整、あっせん、是正の要望又は意見表明を行うとしている。ただし、申出が市に係わるものであるときは、勧告を行うことができるとされた。市は勧告に対して、必要な措置を講じ委員会に報告、委員会は報告内容を公表するとしている。

条例本文は下記ホームページの例規集にあります。

HP：http://www.city.toyonaka.osaka.jp/

大阪府・豊中市

市　役　所：〒561-8501
　　　　　　大阪府豊中市中桜塚3-1-1
　　　　　　（下車駅　阪急宝塚線　岡町駅）
電　　　話：(06) 6858-2525
人　　　口：387,869人
世　帯　数：164,545世帯

面　　　積：36.38km^2
人口密度：10,661.60人／km^2
特　産　品：電気機械器具、金属製品
観　　　光：服部緑地、豊能自然歩道、大石塚・小石塚古墳

備考欄

類似条例
　岩出山町いわでやま男女平等推進条例（2001年4月1日施行）
　新座市男女共同参画推進条例（2000年7月1日施行）
　小松市男女共同参画基本条例（2000年10月1日施行）
　出雲市男女共同参画による出雲市まちづくり条例（2000年3月公布）
　宮城県男女共同参画推進条例（2001年8月1日施行）
　佐賀県男女共同参画推進条例（2001年10月9日公布）

神奈川県 大和市

大和市印鑑条例（改正）

▶印鑑登録証明書から性別を削除／年度中に178件の各種申請書からも

2003年（平成15年）12月19日議決

2003年5月に性同一障害の人が普通に暮らせる社会整備を求める趣旨の陳情が2件大和市議会に提出され、常任委員会の採択に続き、9月定例会本会議で全員賛成で採択となった。

委員会審査の経過で市は可能な限り性別記載欄の削除の検討を明らかにし、調査を始めた。その結果を各部ごとに精査し、市の公文書532件のうち、市が独自に条例・規則・要綱の改正や書式変更で対応できるものが195件あることが明らかになった。条例改正が必要な印鑑条例などの改正が行われた。印鑑条例改正では第7条の印鑑登録の原票に記録する事項から性別の項を削除し、あわせて条文の整備を行って印鑑登録の証明書のコンピューター出力事項から男女の別を削除する改正を行った。大和市が2003年度中に性別記載欄の削除を予定しているのは、条例改正が必要な5件のほか、規則改正が必要な「大和市民カード交付申請書」「図書貸出登録票」など21件、要綱改正が必要な「福祉タクシー券交付申請書」など80件と「職員採用試験申込書」など89件のうち178件。11月9日実施の衆議院選挙の投票所入場整理券は性別欄を削除して発送した。

条例本文は下記ホームページの例規集にあります。

HP：http://www.city.yamato.kanagawa.jp/

神奈川県・大和市

市役所：	〒242-8601 神奈川県大和市下鶴間1-1-1 （下車駅 小田急線 鶴間駅）
電話：	(046) 263-1111
人口：	214,326人
世帯数：	90,117世帯
面積：	27.06km²
人口密度：	7,920人／km²
特産品：	地酒「吟醸大和泉の森」洋菓子「ラ・ポワール」、和菓子「桜街道」
観光：	郷土民家園、ふれあいの森、泉の森

備考欄

同性愛者や性同一障害者への差別や偏見に対する取り組みは政府でも始められ、法務省人権擁護推進審議会最終答申でも、性的指向を理由とする差別を積極的救済を行うべき事項にあげ、2003年の人権週間では、法務省は強調事項の項目として「性的指向を理由とする差別をなくす」ことを明確にした。国会でも性同一障害を対象とした戸籍変更を認める法案が可決成立した。自治体で2003年中に性別記載を行政文書から削除した例は、群馬・伊勢崎市で32件、千葉・市川市で22件などである。

人権（男女共同参画）

東京都
小金井市

小金井市男女平等基本条例

▶ジェンダー統計の作成整備は市の義務／男女平等を明確に目的化

2003年（平成15年）7月1日施行

「男女平等」を条例名にいれている自治体は少なく、条例の性格を明確にしている。

条例では、基本理念、市民、市、事業者の責務のほか、第7条にその他の団体の責務として市内の団体すべてに条例の内容の推進への協力を定め、第19条で市の単独で支出した補助金を受けたものからは、方針の立案や決定への女性の参画状況などの取り組みの報告を市長が受けることができ、助言を行えると規定した。

また、「ジェンダー統計」を第2条で用語として定義し、男女間の不平等の状況を数量として把握するための性別区分をもつ統計を第20条で整備作成することを市の義務とした。国際的には不平等な状況把握に欠かせないとされる統計であるが、日本の行政では意識的に整備している例は少ない。

第24条では苦情処理委員の設置を市長の直属の機関とし、迅速な苦情処理体制を定め、本条例の実効性を担保している。

第29条に男女平等審議会委員の任期を2年とし、連続して3期を超えないとしたのは各種の「審議会」の規定でも全国的に見て例が少ない。

行政、議会、市民が一体となって男女平等社会を推進するため、活用しながら現状に合わせて進化させることができる条例の構成となっている。

条例本文は下記ホームページの例規集にあります。

HP：http://www.city.koganei.tokyo.jp/news/20030805A/20030805A.htm

東京都・小金井市

市　役　所：〒184-8504
　　　　　　東京都小金井市本町6-6-3
　　　　　　（下車駅　中央線　武蔵小金井駅）
電　　　話：(042) 383-1111
人　　　口：108,387人
世　帯　数：50,451世帯
面　　　積：11.33km^2
人口密度：9,566.37人／km^2
特　産　品：植木
観　　　光：小金井公園、野川公園、江戸東京たてもの園

備考欄

類似条例
豊中市男女共同参画推進条例（2003年10月10日施行）
都城市男女共同参画社会づくり条例（2003年12月18日議決）

宮崎県 都城市

都城市男女共同参画社会づくり条例

▶前文で男女共同参画社会の実現が市の最重要課題と明記

2003年（平成15年）12月18日議決

　都城市は条例前文で、人権尊重や男女平等の推進に関し、一層の努力が必要とされると明記し、男女共同参画社会の実現が市の最重要課題と、条例制定の決意を記した。特に第2条で男女共同参画社会とは、性別又は性的指向にかかわらず人権が尊重され、あらゆる社会的活動に参画と責任を担う社会と規定したのは、性同一障害のみならず、同性愛者なども含む表現で性による差別全体をなくす方向を明らかにしている。また、第7条で、性と生殖に関する権利を「妊娠、出産」などの事項に自己の意思が尊重されることがうたわれた。第10条では市の責務として、積極的改善措置を含んだ取り組みが明記された。

　特徴的なのは、前文・目的や用語の定義などで「教育に携わる者」との協働が特に記され、第13条で教育に携わる者の責務として、男女共同参画社会の形成促進に配慮した教育を行うことを定めている。また、市が施策を決定、実施する場合は男女共同参画に配慮し、市の政策立案決定にすべての人の参画を促進するため、積極的改善措置をとることが定められている。また、市長は事業者に取り組みの協力を求めることができるとし、市の出資する法人や補助金、交付金、貸付金などの財政支援を受けている事業者は、報告を求め、適切な措置を講ずるよう、是正の要求を市長は行うとしている。農林水産業や商工業の分野での環境整備に関する第22条では基本理念を早急に実現するよう特に強調された。

条例本文は下記ホームページの例規集にあります。

HP：http://www.city.miyakonojo.miyazaki.jp/

宮崎県・都城市

市役所：〒885-8555　宮崎県都城市姫城町6-21（下車駅　日豊本線　西都城駅）	面　積：306.21km²
電話：(0986) 23-2111	人口密度：437.25人/km²
人口：133,892人	特産品：家具、木刀、碁・将棋盤
世帯数：55,075世帯	観光：御池（霧島）、母智丘の桜、関之尾の滝

備考欄

類似条例
　豊中市男女共同参画推進条例（2003年10月10日施行）
　小金井市男女平等基本条例（2003年7月1日施行）

参考条例
　大和市印鑑条例（2003年12月19日議決）

人権（男女共同参画）

茨城県

茨城県安全なまちづくり条例

▶深夜物品販売業者（コンビニ等）に犯罪防止の指針を策定／業者に努力義務

2003年（平成15年）4月1日施行

　茨城県は、同県における犯罪の発生状況から、安全なまちづくりに必要な規制を定めることを目的に条例を制定した。

　条例では、知事は、学校及び児童福祉施設の生徒等に対する犯罪を防止するための指針や、犯罪防止に配慮した道路、公園、共同住宅、自動車駐車場及び自転車駐輪場の構造、設備に関する指針、深夜物品販売等業者に係る犯罪を防止するための指針を策定すると定めた。また、解錠用具の有償譲渡や自動車の窃盗に係る器具の携帯を禁止行為とした。

　条例に基づいて策定された「深夜物品販売等業者に係る犯罪防止のために必要な措置に関する指針」では、店舗ごとの防犯責任者の指定や従業員に対する防犯指導・訓練のほか、防犯ベル・防犯カメラ・照明などの防犯設備の設置、カラーボール等の防犯機材の備付けなどを努力義務として業者に課した。

　条文で禁止行為として明記された、解錠用具の有償譲渡や使用方法の教授についての違反には10万円以下の罰金。また、自動車の窃取に使用される器具の携帯の違反行為は3月以下の懲役または30万円以下の罰金に処するとしている。

条例本文は下記ホームページの例規集にあります。

HP：http://www.pref.ibaraki.jp/

茨城県

県　庁：〒310-8555　茨城県水戸市笠原町978-6　（下車駅　常磐線　水戸駅）	人　　口：2,995,384人
電　話：(029) 301-1111	世帯数：1,017,583世帯
	面　　積：6,095.62km^2
	人口密度：492.92人／km^2

備考欄

条例と同時に策定されたその他の指針
　茨城県学校等、道路等及び共同住宅に関する防犯上の指針
　茨城県深夜物品販売業者に係る犯罪の防止のために必要な措置に関する指針
類似条例
　大阪府安全なまちづくり条例（2002年4月1日施行）

宮城県暴走族根絶の促進に関する条例（改正）

▶暴走族への勧誘に懲役1年／面倒見やあおり行為にも罰則

2003年（平成15年）5月1日施行

　宮城県は1998年12月、都道府県で初めて暴走族根絶条例を制定したが、罰則を伴わないことから実効性を担保できないとして条例を改正した。

　改正条例では、①暴走族加入等の勧誘の禁止　②暴走族に加入している者からの金品の収受の禁止　③暴走行為のあおり行為の禁止の3つの禁止行為を条文化し、それぞれに罰則を設けた。

　暴走族に加入をすることを勧誘することや勧誘目的で面会を強要すること、脱退の妨害には1年以下の懲役または50万円以下の罰金。暴走族の存続を助長し、暴走行為を容認する対象として、会費、面倒見代、祝い金、見舞金などの名目を問わず金品を収受することや、物品販売を強要することは懲役1年以下、罰金50万円以下と規定した。暴力団と暴走族との関係を絶つことなどを目的としている。また、暴走行為を助長する「期待族」を根絶するため、声援や拍手など暴走をあおる行為を禁止する条項を加え、懲役6ヶ月または罰金10万円以下の罰則を定めた。あおり行為に懲役刑を規定したのは全国で初めてとなる。

　暴走族追放条例は、1998年9月宮城県亘理町で初めて条例制定され全国化した。道路交通法などを適用できない暴走族の迷惑行為を取り締まるのが目的で、各自治体が暴走族の実態に応じて条例整備を進めている。

条例本文は下記ホームページの例規集にあります。

HP：http://www.pref.miyagi.jp/

宮城県

県　庁：〒980-8570
　　　　宮城県仙台市青葉区本町3-8-1
　　　　（下車駅　東北新幹線　仙台駅
　　　　から地下鉄勾当台公園駅）
電　話：(022) 211-2111

人　口：2,348,465人
世帯数：839,484世帯
面　積：7,285.16km^2
人口密度：322.36人／km^2

備考欄

類似条例
亘理町暴走族根絶運動推進条例（1998年9月17日施行）
広島県暴走族追放の促進に関する条例（2000年4月1日施行）
広島市暴走族追放条例（2002年4月1日施行）
京都府暴走族等の追放の促進に関する条例（2003年3月18日施行）
茨城県暴走族等による暴走行為の防止に関する条例（2003年7月1日施行）

東京都

公衆に著しく迷惑をかける暴力的不良行為等の防止に関する条例（改正）

▶ストーカー規制法対象外の「つきまとい」に罰則／被害者から申出に支援も

2003年（平成15年）10月6日改正議決

　東京都は、ストーカー規制法の対象外になっている悪意に基づく「つきまとい行為」を規制するため東京都迷惑防止条例を改正した。

　2000年（平成12年）11月に施行された「ストーカー規制法」では、「つきまとい行為」を特定の者に対する恋愛感情その他好意の感情が満たされなかったことに対する怨恨の感情を充足するための行為と定義。悪意に基づくつきまとい行為は除外されていた。東京都の改正条例では、規制対象として、正当な理由がないのに特定の人に対し、恨みやねたみなどの悪意の感情を満たす目的で、特定の者や配偶者、同居の親族に「不安を覚えさせるような行為」を禁止した。条文では禁止行為として、①つきまとい、待ち伏せ、住居付近での見張り、住居への押し掛け　②著しく粗野または乱暴な言動　③連続した無言電話、ファックスの送信　④汚物、動物の死体などの送付などを具体的に例示。被害を受けた者や保護者から再発防止のための支援の申し出があった場合は、警視総監、警察署長は必要な援助ができると定めた。また、本条例の濫用防止も条文に盛り込まれている。

　罰則は6ヶ月以下の懲役または50万円以下の罰金。常習者の場合はそれぞれ1年以下、100万円以下の罰金とされた。

　迷惑防止条例はすべての都道府県で制定されているが、ストーカー行為を規制する内容を条例に盛り込んだのは鹿児島県が1999年10月に施行した条例が最初となる。現在は、ストーカー規制法との関係から、各都道府県で条例改正が進められている。

条例本文は下記ホームページの例規集にあります。

HP：http://www.metro.tokyo.jp/

東京都

都　庁：〒163-8001　東京都新宿区西新宿2-8-1　（下車駅　地下鉄大江戸線　都庁前駅）	人　口：11,905,712人　世帯数：5,597,805世帯　面　積：2,187.05km^2　人口密度：5,443.73人／km^2
電　話：(03) 5321-1111	

備考欄

類似条例
鹿児島県公衆に不安等を覚えさせる行為の防止に関する条例（1999年10月1日施行）
岩手県公衆に著しく迷惑をかける行為の防止に関する条例（2000年4月1日施行）

東京都
日野市

日野市被害者、遺族等支援条例

▶犯罪や事故、災害などの被害者や遺族を支援／総合窓口を設置

2003年（平成15年）7月1日施行

日野市は、不慮の事件や災害に巻き込まれたり、「善意の第三者」として被害にあったために人生設計の変更を余儀なくされた市民の精神的負担を軽減し、自立した社会生活を営むことができるように支援することを目的に条例を制定した。

条例では、支援の対象者を犯罪被害を受けた者や、不慮の事故に遭遇した者、災害で被害を受けた者、善意の第三者として被害にあった者と、それぞれの家族（死亡の場合は遺族）で、市民または被害発生当時に市民であった者とした。

市は、ボランティア等の育成や、被害者などの精神的負担の軽減と支援について適切に対応できる職員の育成のための研修を行うとしている。また、市民の支援や事業者の協力も規定した。

市では、関係機関と連携し、総合窓口を設置して実情に応じて具体的な支援をしていくとしている。埼玉県嵐山町や千葉県佐原市、滋賀県八日市市などで犯罪被害者と遺族への支援条例はあるが、不慮の事故や災害被害者などに対象を広げた条例は全国で初めて。

条例本文は下記ホームページの例規集にあります。

HP：http://www.city.hino.tokyo.jp/info/

東京都・日野市

市役所：〒191-8686
　　　　東京都日野市神明1-12-1
　　　　（下車駅　中央線　日野駅）
電　話：(042) 585-1111
人　口：163,676人
世帯数：70,502世帯

面　積：27.53km^2
人口密度：5,945人／km^2
特産品：多摩川梨、ぶどう、りんご
観　光：多摩動物公園、高幡不動尊、百草園

備考欄

類似条例
　嵐山町犯罪被害者等支援条例（2002年3月7日改正施行）
　守山市犯罪被害者支援条例（2002年4月1日施行）
　野洲町犯罪被害者支援条例（2002年4月1日施行）
　近江八幡市犯罪被害者等支援条例（2001年3月28日施行）
　愛知川町犯罪被害者支援条例（2002年9月10日施行）

生活安全

長崎県 長崎市

長崎市議会議員政治倫理条例

▶ 2親等以内の親族企業は市発注請負事業を辞退／問責制度や補助団体の有報酬役員辞退も

2003年（平成15年）5月2日施行

　長崎市議会は、議員に対して市の許認可や契約、市職員の採用などでの不正行為を禁止し、市発注工事の請負業者や補助を受ける社会福祉法人、学校法人への関与も制限した政治倫理条例を制定した。

　条例は政治倫理基準、資産公開、問責制度などで構成。政治倫理基準は許認可や請負などの契約で、特定の個人、企業、団体などに有利な取り計らいをしてはならないなど6項目で議員の職務に関する不正だけでなく、その疑惑が持たれる行為まで禁じた。基準以外に、遵守事項として、①議員の配偶者や2親等以内の親族の企業　②議員が3分の1以上出資する企業　③議員が役員をしている企業や経営方針に関与する企業　④議員が報酬を受領している企業は市に対する請負（下請負を含む）を辞退しなければならないとした。また、補助金を受ける社会福祉法人、学校法人の報酬を受領する役員に就任しないように努めることも定めている。

　問責制度では、政治倫理基準や遵守事項への違反が疑われる場合の調査請求が有権者50人以上か、議員4人以上で可能と定めた。通知を受けた政治倫理審査会は疑われている議員に対して出席しての説明などを求め、調査報告書を公表するとしている。

　資産報告書の作成の対象は、議長及び副議長とされ、年1回提出すると定めた。

条例本文は下記ホームページの例規集にあります。

HP：http://www1.city.nagasaki.nagasaki.jp/

長崎県・長崎市

市 役 所：〒850-8685　長崎県長崎市桜町2-22　（下車駅　長崎本線　長崎駅）	面　　積：241.21km^2
電　　話：(095) 825-5151	人口密度：1,735.09人／km^2
人　　口：418,523人	特 産 品：かまぼこ、ちゃんぽん、カステラ、びわ
世 帯 数：176,231世帯	観　　光：グラバー園、原爆資料館、大浦天主堂、孔子廟

備 考 欄

類似条例
　福岡市議会議員の政治倫理に関する条例（1999年5月2日施行）
　藤代町（茨城県）政治倫理条例（1999年8月21日施行）
　香春町（福岡県）政治倫理条例（2000年3月24日施行）
　新南陽市（現在　周南市）政治倫理条例（2002年12月27日改正施行）
　椎田町（福岡県）政治倫理条例（2003年4月1日施行）

徳島県の公務員倫理に関する条例

▶知事を含んだ職員倫理条例は全国初

2003年（平成15年）10月30日公布

徳島県は2002年におきた元知事の汚職逮捕事件の再発防止のため、知事の政治倫理規定や、贈与等の報告に関する規定を盛り込んだ「公務員倫理に関する条例」の制定を行った。

条例では、知事と一般職員・副知事・出納室長・企業局長の項目が別に立てられている。

知事に関する規定は、第3条で、知事としての影響力を私的に行使してはならないとし、金品の授受にかかわらず、特定の事業者等を有利に取り扱ってはいけないと規定した。知事に関して、第8条、9条、10条、11条、12条では贈与報告書、株取引等報告書、所得報告書、資産等報告書、関連会社等報告書の作成と職員倫理審査会への提出を定めている。職員等に関しては特別職管理職と管理職は贈与等の報告書の提出が義務付けられた。いずれも何人も閲覧できるとしている。知事を含め管理職職員は事業者と事業を営む個人からの贈与は原則禁止とされたが、罰則規定はない。

条例本文は下記ホームページの例規集にあります。

HP：http://www.pref.tokushima.jp/

徳島県

県　庁：〒770-8570　徳島県徳島市万代町1-1　（下車駅　高徳線　徳島駅）	人　口：829,185人
電　話：(088) 621-2500	世帯数：300,064世帯
	面　積：4,145.26km^2
	人口密度：200.03人／km^2

備　考　欄

類似条例
　宝塚市長等倫理条例（2001年7月1日施行）
　須坂市政治倫理条例（2000年10月1日施行）
　和歌山市市長等の倫理に関する条例（2003年10月3日公布）

和歌山県 和歌山市

和歌山市長等の倫理に関する条例

▶倫理審査会に辞職勧告権／市民からの調査請求権も規定

2003年（平成15年）10月3日公布

　和歌山市は、市政に対する市民の信頼を確保することをめざして、市長、助役、収入役、公営企業管理者の倫理の保持に資することを目的に条例を制定した。

　条例では、市長等が遵守しなければならない倫理基準として、①不正の疑惑を持たれるおそれのある行為をしない　②市が締結する契約や行政処分に関して特定の者のために有利な取り扱いをしない　③地位を利用して金品の授受をしない　④政治活動に関し道義的批判を受けるおそれのある寄付を受けないなど、4項目の基準を規定した。

　市長等が倫理基準に違反した行為をした疑いがある場合は、3000人以上の連署をもって、証拠資料を添付して調査を請求することができる権利を盛り込んだ。

　調査を請求された市長は、直ちに倫理審査会に調査を求めなければならないと定めている。

　倫理審査会は、市長が委嘱した5人の委員で構成。市長等が審査会に対し、事実と異なる説明や審査・調査に協力しない場合、また、審査会の調査報告書の公表を怠っている時は、是正を求め、従わない場合は公表するとした。

　審査会の調査報告書で倫理基準に違反していると指摘された場合は、市長等は信頼回復に必要な措置をとることが定められた。また、信頼回復に必要な措置をとらなかった場合、審査会は委員全員の同意で辞職勧告を行い、市長等は勧告を尊重しなければならないと規定した。

条例本文は下記ホームページの例規集にあります。

HP：http://www.city.wakayama.wakayama.jp/

和歌山県・和歌山市

市 役 所：〒640-8511 　　　　　和歌山県和歌山市七番丁23 　　　　　（下車駅　紀勢本線　和歌山駅 　　　　　南海電鉄　和歌山市駅） 電　　話：(073) 432-0001 人　　口：389,562人 世 帯 数：155,844世帯	面　　積：209.21km^2 人口密度：1,862.06人／km^2 特 産 品：衣料、ニット、桐筆筒、紀州手毬 観　　光：和歌山城、紀三井寺、加太・友ヶ島・和歌浦

備 考 欄

　類似条例
　　宝塚市長等倫理条例（2001年7月1日施行）
　　須坂市政治倫理条例（2000年10月1日施行）

大阪府 東大阪市

東大阪市職員倫理条例

▶多重債務は公務員の信用失墜にあたると規則で明記

2003年（平成15年）3月31日公布

東大阪市は公務が公正に執行されているという市民の信頼確保を目的に、職員倫理条例を制定した。職員の倫理原則として ①職務上知り得た情報について市民の一部のみ有利な取扱いをしてはならない ②公私の別を明らかにして、職務や地位を自分や自分の所属する組織の私的利益のために用いてはならない ③職員が法律や条例によって与えられた権限の行使にあたり、権限行使の対象となる者から贈与等を受けることを禁じ、市民の疑惑や不信を招く行為を禁じると規定した。第4条では、市長はこの原則を踏まえ倫理規則を「倫理委員会」の意見を聴いて策定しなければならないとしている。

市は条例の施行にあわせ03年8月に規則を定めた。規則の第2条で「倫理行動基準」を定めている。この第5項で職員は勤務時間外でも自らの行動が公務の信用に影響を与えることを認識して行動しなければならないと定め、第8条で「生活態度の留意事項」として ①収入や資産に見合った生活設計を考え、支払不能にいたる金銭の借り入れ、債務の保証等をしないこと ②自動車の安全運転に努めること ③飲酒上の不祥事を引き起こさないことと明記した。この倫理条例及び規則に関して、職員の処分等の措置は、倫理委員会の意見を聴いて行うとしている。

この他の条文では、贈与等の報告義務と報告書の閲覧などが規定されている。

条例本文は下記ホームページの例規集にあります。

HP：http://www.city.higashiosaka.osaka.jp/

大阪府・東大阪市

市 役 所：〒577-8521 大阪府東大阪市荒本北50-4 （下車駅　地下鉄中央線　荒本駅）	面　　積：61.81km^2
電　　話：(06) 4309-3000	人口密度：8,314人／km^2
人　　口：513,004人	特 産 品：作業工具、機械電気製品
世 帯 数：210,083世帯	観　　光：生駒山、暗峠（日本の道百選）、枚岡公園、瓢箪山稲荷神社、花園ラグビー場

備考欄

公務員の倫理規定とは

国家公務員倫理法は2000年4月に施行されている。この43条で地方公共団体の講ずる施策として、国等に準ずる必要な施策を講ずるように努めることとなっている。自治体の倫理条例は市服務規定などの上位に位置付けられ、職務にかかわる倫理原則を明記する。

|大阪府|
|和泉市|

和泉市職員倫理条例

▶疑惑通報には直ちに調査／疑惑の告発に保護規定

2003年（平成15年）12月29日公布

　条例の目的は市民の疑惑や不信を招く行為の防止と、公務に対する信頼の確保としている。特色は、第5条の倫理通報の規定で、職員や市民、事業者からこの条例や倫理規則に違反する行為やその疑いがあるとの通報があった場合は、任命権者は直ちに調査を行わなければならないとした。通報先が倫理委員会の場合も同様で、直ちに委員会が調査を行う。これらの調査結果は倫理委員会で審査し、任命権者に審査内容を報告する。任命権者は、職員による不当な行為が判明したときは、当該職員に対する警告、処分、告発等厳正な処分をすることが求められている。市民や事業者等による不正が判明した場合は、警告、告発等の措置をとる。通報の事実がない場合、通報による名誉を害されたときは回復に努める。

　第6条では、通報者への不利益な取扱いに対する禁止を規定した。不利益な取扱いを受けた通報者は任命権者か倫理委員会に申し立てができる。事実であると判明した場合は任命権者は関係者に是正の勧告を行う。

　同時に施行した規則では、第4条の禁止行為で、職員は費用を自己が負担しても、利害関係者とは飲食、遊技、ゴルフ、旅行をしてはならないと定めた。特例で許されるのは、職務で公費での旅行や、地縁・血縁が利害関係者であって、社会通念上やむを得ない場合、自治会やボランティア団体の旅行に利害関係者が参加している場合に市民の疑惑を招かないと判断した場合に限るとしている。

条例本文は下記ホームページの例規集にあります。

HP：http://www.city.izumi.osaka.jp/

大阪府・和泉市

市 役 所：〒594-8501
　　　　　大阪府和泉市府中町2-7-5
　　　　　（下車駅　阪和線　和泉府中駅）
電　　話：(0725) 41-1551
人　　口：176,362人
世 帯 数：62,740世帯
面　　積：84.99km^2

人口密度：2,075人／km^2
特 産 品：人工真珠、綿・スフ織物、毛布、ニット、硝子細工、花
観　　光：金剛生駒紀泉国定公園、黄金塚古墳、池上曽根遺跡、久保惣記念美術館

備 考 欄

類似条例
　東大阪職員倫理条例（2003年3月31日公布）
　近江八幡市コンプライアンス条例（2001年7月1日施行）

福島県

福島県職員定数条例（改正）

▶定数管理計画を条文に盛り込む／機構改革で実現

2003年（平成15年）4月1日施行

　福島県は定数条例を29年ぶりに改正し、知事部局の条例上の上限定数9,014人を実人数8,475人へと改正した。施行は2003年度からだが、附則で、2006年3月31日までの間は、8,575人として、8,475人が明確な目標値であることを示した。

　この実現のため、福島県は、2003年4月から組織改正を行いF・F型組織の推進を図ることとした。これまでの本庁の基本組織であった「課（室）」や「係（班）」を廃止し、新たに「政策領域」と「グループ」に再編し、これまでの基本職名であった「部次長」、「課長」、「課長補佐」、「係長」を廃止し、新たに「政策監」、「総括参事」、「参事」という職名を設けた。34の政策領域と147のグループに組織を再編した。7つの目標　①「現場主義」の徹底、②政策形成力の向上、③意思決定の迅速化、④弾力的な組織運営、⑤職員の能力発揮、⑥チェック機能と職員育成、⑦危機管理に強い組織を掲げ、3年間で条例定数に到達するよう努力している。

条例本文は下記ホームページの例規集にあります。

HP：http://www.pref.fukushima.jp/

福島県

県　庁：〒960-8670　福島県福島市杉妻町2-16　（下車駅　東北本線　福島駅）	人　　口：2,128,309人
電　話：(024) 521-1111	世帯数：704,171世帯
	面　　積：13,782.54km²
	人口密度：154.42人/km²

備　考　欄

　全国の地方公務員の総数は2002年4月1日現在で314万4,323人。都道府県職員数は52.1％の163万8,341人である。このうち教育、警察、消防などの特別行政部門の職員が1/2を占めている。特別行政部門は法令で職員の配置が決まっているものが多く、また、分権一括法施行前は、国の補助事業を行う場合は対象事業部門に職員配置に関する要件があったので、自治体独自の経営判断での職員定数管理は困難であった。各都道府県は行政改革大綱の定員適正化計画に職員削減計画を盛り込み、これまで総務省による指導を受けてきた。

栃木県
鹿沼市

鹿沼市職員等公益通報条例

▶百条調査委員会提言で条例制定／市の自浄作用を期待

2003年（平成15年）12月26日公布

　鹿沼市議会は地方自治法に基づき調査特別委員会（百条委員会）を設置し、環境廃棄物担当職員行方不明殺害事件について議会としての立場から調査を開始し、2003年8月19日に調査結果を報告した。

　この中で再発防止策として透明性の高い行政運営のために「公益通報制度」の設置を提言した。また、市当局は独自に本件事件に関する調査のための組織「鹿沼市一般廃棄物処理許認可事務等に関する調査委員会」を設置した。市の調査委員会は「外部監査制度」の設置を提言し、これら両委員会とも「市長等政治倫理条例」の制定を求めた。

　2003年12月議会にこれらに関する3条例が提案、可決された。

　条例による公益通報制度の対象職員は、市の一般職、非常勤職、臨時職員、市の1/2以上の出資法人、その他市と密接な関係のある団体の職員としている。通報は市長、その他の実施機関、もしくは公益通報相談員に対し、原則として実名での書面で行うが、書面で事実関係が明白な場合はその限りではないと定めた。第8条で、通報の受付、調査を行う公益通報相談員は弁護士資格を有する者で、議会の同意を得て市長が選任し、契約によって置くとした。公益通報相談員の調査結果の報告後、市長は必要に応じて告訴・告発をするほか、再発防止のための必要な措置をとらなければならないと規定しているのが大きな特徴である。

条例本文は下記ホームページの例規集にあります。

HP：http://www.city.kanuma.tochigi.jp/

栃木県・鹿沼市

市　役　所：〒322-8601
　　　　　　栃木県鹿沼市今宮町1688-1
　　　　　　（下車駅　日光線　鹿沼駅）
電　　話：(0289) 64-2111
人　　口：94,376人
世　帯　数：31,108世帯

面　　積：313.30km^2
人口密度：301.23人／km^2
特　産　品：さつき、たまり漬、鹿沼箒
観　　光：花木センター、川上澄生美術館、
　　　　　大芦川の滝

備考欄

類似条例
　近江八幡市コンプライアンス条例（2001年7月1日施行）
　千代田区職員等公益通報条例（2003年7月2日公布）

東京都
千代田区

千代田区職員等公益通報条例

▶公益通報制度を条例化／第三者機関の行政監察員に調査権限

2003年（平成15年）7月2日公布

　千代田区は、区政運営の透明性を高め、区政を適法かつ公正なものに保つため、区職員等が、不利益な取り扱いを受けることなく、職場内の不正を告発できる「公益通報制度」を条例化した。

　条例では、法令違反や事務事業に係る不当な事実を知った職員等は、区長や区の機関のほか、弁護士などによる2人の「行政監察員」に通報できるとした。通報を受けた監察員には調査権限が与えられ、事実関係の調査を行い、結果を区長や通告者に報告。不正などが改善されなかった場合は、監察員が公表や告発できるとしている。

　通報者は、区職員や区の出資団体職員、受託請負業者と従業員のほかに、その職にあった者も対象に加えた。通報者の保護に関しては、いかなる不利益な扱いも禁止。監察員は不利益な取り扱いが行われた場合には、区に改善を勧告、従わないときは事実を公表するとしている。通報者が通報内容に関する事案に関係していた場合は、懲戒処分を軽減することや、通報内容が虚偽だった場合の名誉回復の措置規定も盛り込まれている。

条例本文は下記ホームページの例規集にあります。

HP：http://www.city.chiyoda.tokyo.jp/

東京都・千代田区

区役所：〒102-8688　東京都千代田区九段南1-6-11　（下車駅　地下鉄東西線　半蔵門線　新宿線　九段下駅）	世帯数：19,350世帯
電　話：(03) 3264-2111	面　積：11.64km²
人　口：39,745人	人口密度：3,414.52人／km²
	観　光：皇居、神田古本屋街、秋葉原電気店街

備考欄

類似条例
　近江八幡市コンプライアンス条例（2001年7月1日施行）
　鹿沼市職員等公益通報条例（2003年7月5日公布）

総務

愛知県 日進市

日進市職員の育児休業に伴う任期付職員の任用等に関する条例

▶育児休業の代替職員を任期付職員に／待遇を常勤職員と同等に

2003年（平成15年）12月25日公布

　地方公務員の育児休業に関する法律が01年に改正され、これまで1年間と定められていた休業期間が3年間まで延長できることとなった。これまでは臨時職員で対応していたが、長期にわたる臨時職員での対応は、現場に混乱があるとして、任期付き職員での対応となった。

　条例では、任期付職員は競争による採用試験を受け、その結果によって登録者名簿が作られ、市はこの名簿から任期付き職員の採用を決定する。名簿への登録は5年間有効とした。採用された場合は、勤務条件は常勤職員と同じで、条例では、市の「職員の給与に関する条例」「勤務時間、休暇等に関する条例」や関係規則の定めるところによるとしている。任期付職員を採用するのは、職員が1年以上育児休業を取得する場合としている。

　日進市では育児休業を2〜3年とる職員が増え、2004年度から任期付職員を採用する計画。

条例本文は下記ホームページの例規集にあります。

HP：http://www.city.nisshin.aichi.jp/frames/index2.htm

愛知県・日進市

市　役　所：〒470-0192　愛知県日進市蟹甲町池下268　（下車駅　名鉄豊田線　日進駅）	面　　　積：34.90km^2
電　　　話：(05617) 3-7111	人口密度：2,031.80人／km^2
人　　　口：70,910人	特　産　品：米
世　帯　数：25,803世帯	観　　　光：岩崎城址公園、五色園、愛知牧場

備　考　欄

『地方公共団体一般職の任期付き職員採用法』2002年5月29日公布。
　任期付き採用制度は、一定期間（5年以内）、民間の専門家を常勤の一般職員として登用する。国家公務員を対象とした法律は2000年に施行されており、地方公務員に対象を拡大した。採用するかどうかは自治体の裁量で、採用の場合は条例の制定が必要となる。法律では、高度な専門知識を持つ技術者など専門家らが想定されている。

福島県 矢祭町

行政機構改革に伴う関係条例の整理に関する条例

▶合併しない宣言を実現する機構改革

2003年（平成15年）8月1日施行

　町行政機構改革審議会は職員プロジェクトチームの提案による機構改革案を審議し、答申を2003年7月24日に町長に提出した。7月28日臨時会で条例提案がされ、可決制定された。改革では、現在の7課を5課1室に変更し、係を廃止して「健康づくりグループ」「自立推進グループ」など14グループで事務事業を運営する。新設された「自立推進課」は政策立案のほか、企業誘致、住宅団地の販売促進、地方分権関連の業務など町の自立にかかわる施策をすべて行う。

　また、現在83人の職員を10年後は50人台に減らし、人件費を約4億円削減する計画も同時に策定した。同時に、町職員の自宅を「出張役場」として、職員が近所の住民の証明書申請や料金収納を代行し、出勤前に依頼されたものを退庁後に本人に手渡すサービスも始めた。

　このほか答申では、平日の窓口業務を2時間半延長し、午前7時30分〜午後6時45分とする。土・日、祝日も午前8時30分〜午後5時15分の間住民票、印鑑証明書の発行、各種料金の収納を行うことも提案されている。

条例本文は次ページにあります。

福島県・矢祭町

町役場：	〒963-5192 福島県東白川郡矢祭町大字東舘字舘本66 （下車駅　水郡線　東舘駅）
電話：	(0247) 46-3131
人口：	7,225人
世帯数：	2,041世帯
面積：	118.22km²
人口密度：	61.11人／km²
特産品：	ゆず、わさび、キウイフルーツのワイン、ゆずのリキュール、こんにゃく製品
観光：	久慈川、滝川渓谷、奥久慈県立自然公園矢祭山

備考欄

類似条例等
　岡山市の組織及びその任務に関する条例（2001年4月1日施行）
　西原町事務分掌規則の一部を改正する規則（2001年4月1日施行）

行政機構改革に伴う関係条例の整理に関する条例

　（矢祭町課設置条例の一部改正）
第1条　矢祭町課設置条例（昭和37年矢祭町条例第26号）の一部を次のように改正する。
　　本文中「総務課、税務課、住民課、保健福祉課、産業課、農林課、建設課」を「自立推進課、総務課、健康福祉課、住民課、事業課」に改める。
　（矢祭町総合計画審議会条例の一部改正）
第2条　矢祭町総合計画審議会条例（昭和60年矢祭町条例第19号）の一部を次のように改正する。
　　第6条中「総務課」を「自立推進課」に改める。
　（矢祭町職員の給与に関する条例の一部改正）
第3条　矢祭町職員の給与に関する条例（昭和41年矢祭町条例第13号）の一部を次のように改正する。
　　別表第2（4条関係）第4中「係長」を「主査」に、同表第5中「係長」を「主任主査」に改める。
　（矢祭町青少年問題協議会設置条例の一部改正）
第4条　矢祭町青少年問題協議会設置条例（昭和47年矢祭町条例第11号）の一部を次のように改正する。
　　第7条中「住民課」を「健康福祉課」に改める。
附則
この条例は公布の日から施行する。

愛知県 高浜市

高浜市公の施設の指定管理者の指定の手続等に関する条例

▶指定管理者の指定手続に詳細な選定事項を規定

2003年（平成15年）12月25日公布

　2003年6月に株式会社やNPOが図書館や公民館、公立小・中学校、社会福祉施設などの公の施設を管理できる自治法改正が行われた。従来は自治体の出資が2分の1以上などの要件を満たすものや、農協や生協のような公共的団体に限って管理委託を認めていたが、地方公共団体が管理者を指定する管理代行制度に転換した。すべての新設公共施設はこの制度による管理委託か直営かを選択しなくてはならない。

　高浜市は「全世代楽習館」を建設し、2004年4月1日からこの施設運営で生涯学習、痴呆予防講座、児童クラブ運営、不登校児対象事業、などを展開する予定であった。

　同条例を制定し、2004年1月に指定管理者の募集を行った。条例には、指定管理者を選定する委員会や管理代行の期間、範囲や条件、指定にあたっての選定基準なども盛り込まれた。募集要項、仕様書は詳細に事業計画や職員配置、利用者への待遇などを定めた。1月29日には条例第4条に基づく「指定管理者選定委員会」でNPOを候補者として選定した。選定委員会は8人で構成され、選定基準に則して採点を行った。

条例本文は下記ホームページの例規集にあります。

HP：http://www.city.takahama.lg.jp/

愛知県・高浜市

市役所：	〒444-1398 愛知県高浜市青木町4-1-2 （下車駅　名鉄三河線　三河高浜駅）
電話：	(0566) 52-1111
人口：	38,700人
世帯数：	13,159世帯
面積：	13.00km^2
人口密度：	2,976.92人／km^2
特産品：	瓦、鶏卵、陶器
観光：	柳池院・宝満寺（吉浜細工人形・花の塔）、やきものの里かわら美術館、衣浦観音

備考欄

　管理代行制度では、施設利用料などを指定管理者の収入とすることができ、PFI事業で建設した施設も、利用料金を含めたPFI事業者の管理代行が可能となる。また、施設使用許可も指定管理者の権限となる。個々の施設ごとに指定の手続、業務の具体的範囲、管理の基準等を条例で定める必要がある。この条例に従って議会の議決を経て、個々の指定管理者を指定する。指定管理者になれる団体に制限は、まったくない。任意団体でも指定できる。この法改正は、3年間の猶予期間があり、地方公共団体は現在の委託方式からすべて転換する必要がある。

岐阜県

岐阜県電子署名に係る地方公共団体の認証業務に関する法律施行条例

▶電子行政への法律改正／各自治体は施行条例で対応

2003年（平成15年）12月18日公布

　岐阜県はインターネットを利用しパスポートなどの申請・届け出を可能にする電子手続きを2004年4月に始めるため条例を制定した。この電子認証制度では、利用者は窓口を訪れる手間がなくなり、県が発行する証明書などのほか、市町村事務の住民票の写しなどを容易に請求できる。ただ、予算措置や合併準備、個人情報保護などを理由に実施を見送る自治体もある。岐阜県内の市町村共同システムによる電子申請・届出サービスは、県庁の他、現在サービスが可能な市町村は、岐阜市、大垣市、関市、各務原市、池田町、笠原町となっている。

　申請・届け出方法は、自宅からインターネットを通じ手続きが可能になる。パソコン画面で申請書に必要な項目を入力し、電子証明書が記録されたICカードをセットして行政機関に送信。送信者が本人であることを確認する電子署名も付ける。交付物の受け渡しでは原則として窓口を訪れることになるが、事前申請のため、交付の待ち時間は解消される。

　このオンライン化で可能となる県の手続きはパスポートの申請をはじめ、自動車税納税証明書交付、土地売買等届け出、介護保険関係届け出、県職員採用候補者試験受験申し込みなど155に上る。インターネットを通した行政手続きは、今年2月に施行された行政手続オンライン化法に基づき可能となった。県は法律で規定されたサービスをさらに拡大するため、条例により情報公開や、施設利用などを加えている。

条例本文は下記ホームページの例規集にあります。

HP：http://www.pref.gifu.lg.jp/

岐阜県

県　　庁：〒500-8570　岐阜県岐阜市薮田南2-1-1	世　帯　数：704,166世帯
電　　話：(058) 272-1111	面　　積：10,596km^2
人　　口：210,7687人	人口密度：199.9人／km^2

備考欄

　電子政府・電子自治体推進のため、行政手続オンライン化関係三法（2003年2月施行）が制定された。このうち公的個人認証制度を定めた「電子署名に係る地方公共団体の認証業務に関する法律」を施行するにあたり、各都道府県が条例制定を行った。住基ネットカードを利用して、個人の証明と電子署名の鍵を作成する。

東京都 江東区

江東区マンション建設計画の調整に関する条例

▶ 500平方㍍以上のマンション建設用地は取得前届出を義務付け／中止・変更勧告も

2003年（平成15年）12月15日公布

　江東区では、臨海部などマンションの急増にともない義務教育施設での受入れが困難になっている。マンション建設用地を取得する事業者に事前届け出を義務付け、公共公益施設の整備状況との調整を図る条例を制定した。これまでマンション等建設指導要綱で協力を求めてきたが歯止めがかからず、02年12月にも要綱に基づき同区の勧告に従わなかった業者を公表していた。

　条例では、地上階数3以上の建物で、20戸以上または、敷地面積500平方㍍以上のマンション建設用地を取得しようとする建設事業者は、用地の場所や戸数、部屋のタイプ、入居時期などの建設計画を土地取引前に区長に届け出することが義務付けられた。区長は届け出の日から60日以内に小学校など教育施設や保育園など児童福祉施設など公共公益施設で受入れ状況を検討し、受入れが困難な場合には、区は建設の中止・延期などを求めることができるとした。また条例では、公共公益施設への受入れがすでに困難な7地区を「受入れ困難地域」として指定、これらの地区では建設事業を行わないよう協力を求めるとしている。

　事前の届け出を行わなかったり、区長の要請に応じなかった事業者には勧告を行い、勧告に従わない場合は事実経過を公表する。

条例本文は下記ホームページの例規集にあります。

HP：http://www.city.koto.tokyo.jp/

都市計画

東京都・江東区

区役所：〒135-8383　東京都江東区東陽4-11-28（下車駅　地下鉄東西線　東陽町駅）	面　　積：39.44km^2
電　話：(03) 3647-9111	人口密度：9,921.77人／km^2
人　　口：391,315人	特産品：江戸切子等ガラス工芸品、木材、木製品
世帯数：184,264世帯	観　光：深川江戸資料館、芭蕉記念館、富岡八幡

備考欄

同様のマンション建設用地の取得前の届出制度の条例
　府中市地域まちづくり条例（本新条例解説集に掲載）
　　第4章　大規模土地取引行為の届出
　　府中市は5000平方㍍以上の大規模土地取引に限定

東京都
府中市

府中市地域まちづくり条例

▶市民も地区計画の原案を申出／大規模土地取引は地権者に事前届出義務

2003年（平成15年）9月24日公布

　府中市は、府中市都市計画マスタープランに沿って、地域の特性を生かしたすみよいまちづくりを実現するために条例を制定した。市長は、マスタープランに基づき、市民も提案できる「地域別まちづくり方針」を策定する。都市計画法に基づく地区計画等も活用、その原案は市民から市長に申し出ることができる。

　都市計画法に基づく開発行為で面積500平方m以上のものや、高さ10m超の建築などは、事業者は市長と事前協議しなければならず、近隣住民へも説明会等で理解を得るよう努めなければならない。5,000平方m以上の開発行為や、100戸以上の集合住宅または延べ面積が1,000平方m超の建築は大規模開発事業として更なる規制をしている。

　5,000平方m以上の大規模土地取引行為をする場合は、地権者が事前に市に届け出、事業者も取得前に土地利用構想を市と事前協議することを義務付けた。大規模な土地を売却する地権者は、売却の6月前までに内容を市長に届け出ることとした。市は同市土地利用調整審査会の意見を聞いたうえで、地権者にマスタープランの方針にあう事業者に売却するよう助言する。開発事業者は、取得3月前に土地利用構想の届け出を行う。市は土地利用構想を公開、意見書提出、見解書の縦覧などを行い、市のマスタープランに適応してない場合は助言・指導を行うとした。助言や指導に従わない場合は事業者名を公表するとしている。

条例本文は下記ホームページの例規集にあります。

HP：http://www.city.huchu.tokyo.jp/

東京都・府中市

市役所：〒183-8703 東京都府中市西宮町2-24 （下車駅　京王線　府中駅　南武線　武蔵野線　府中本町駅） 電　話：(042) 364-4111 人　口：227,230人	世帯数：101,748世帯 面　積：29.34km² 人口密度：7,744.71人／km² 特産品：エレクトロニクス製品、わけぎ、小松菜、多摩川梨 観　光：郷土の森博物館、大国魂神社

備考欄

目次
　第1章　総則（第1条～第6条）
　第2章　地域別まちづくり方針の策定（第7条～第9条）
　第3章　地区計画等の活用（第10条～第14条）
　第4章　大規模土地取引行為の届出（第15条・第16条）
　第5章　開発事業等の手続
　　第1節　開発事業の手続（第17条～第22条）
　　第2節　大規模開発事業の手続（第23条～第29条）
　第6章　雑則（第30条～第34条）
　付則

東京都狛江市

狛江市まちづくり条例

▶住民主体の地区まちづくり計画／開発の事前協議と事業協定締結、罰則も

2003年（平成15年）3月31日公布

　狛江市は、土地は私有財産であっても、その利用に当たっては高い公共性が優先されるとの基本認識に立ち、良好な環境形成を目指してまちづくり条例を制定した。

　条例では、住民等が主体となって地区内の土地利用等に関する計画及び基準等を定めた地区まちづくり計画を作成できるとしている。この計画は地区住民が地区まちづくり協議会を結成して、素案を作成し市長に提案できる。市長は当該素案を踏まえた地区まちづくり計画の案を作成し、2週間縦覧に供した後に「狛江市まちづくり委員会」の意見を聴き、地区まちづくり計画を決定する。この計画は都市計画法に基づく地区計画ではないが、開発行為や建築での紛争を未然に防ぐ効果が期待されている。

　また、都市計画法に規定する開発行為で面積500平方㍍以上のものや、高さ10㍍超の建築などには、条例で様々な規制をした。事業者は、開発等の届出を市長にし、説明会の開催をして、近隣住民と誠実に協議をしなければならない。その後市長と事前協議を行い、事業協定の締結後でないと、事業に着手できない。市民はこの間様々な局面で、意見書が提出できる。

　従わない業者には、指導・勧告・命令を経て、6ヶ月以下の懲役か50万円以下の罰金を課す罰則規定を定めている。

条例本文は下記ホームページの例規集にあります。

HP：http://www.city.komae.tokyou.jp/

東京都・狛江市

市役所：〒201-8585　東京都狛江市和泉本町1-1-5　（下車駅　小田急線　狛江駅）	世帯数：36,067世帯
電話：(03) 3430-1111	面積：6.39km^2
人口：75,016人	人口密度：11,739.59人／km^2
	特産品：和菓子、地酒
	観光：多摩川五本松（新東京百景）

備考欄

同様の市民主体のまちづくり条例
　東京都三鷹市　三鷹市まちづくり条例（2003年1月1日改正施行）
　神奈川県大磯町　大磯町まちづくり条例（2002年4月1日施行）
　熊本県宮原町　宮原町を守り磨き上げるまちづくり条例（2003年1月1日施行）

都市計画

東京都
杉並区

杉並区低層商業業務誘導地区建築条例

▶荻窪駅周辺の商店街振興を目的に、新築ビル1階に店舗設置義務付け

2003年（平成15年）12月8日公布

　杉並区はJR荻窪駅北口周辺の商業活性化を図るため、指定地区の新しい建築物の1階部分を店舗や事務所にすることを、条例と都市計画で義務付けた。

　条例で対象となる地域は荻窪駅北口の約12㎡。同地域は用途地域では商業地域及び近隣商業地域であり、ここを都市計画法第8条第1項第2号の特別用途地区として定める「低層階商業業務誘導地区」に指定し、規制する。同区はこの地区を、区のまちづくり拠点として位置づけ、一昨年6月策定の「区のまちづくり基本方針」で都市活性化拠点に指定している。

　条例では、延べ床面積が1,000平方㍍以上の建物を建てるときには原則として、建築物の1階に「1階の床面積の2分の1以上」で、かつ、「建物全体の延べ床面積の10分の1以上」を満たす店舗、事務所を入れなくてはならないと義務付けた。建物の構造上、難しい場合は、三階以下の低層階に、建物全体の延べ床面積の15％以上を商業業務用途にするとしている。既存建物の増改築や用途変更も対象で、違反した場合は20万円以下の罰則規定も盛り込んでいる。同区では、特別用途地区の都市計画決定を受けて施行する予定としている。

条例本文は下記ホームページの例規集にあります。

HP：http://www.city.suginami.tokyo.jp/

東京都・杉並区

区役所：〒166-8570　東京都杉並区阿佐谷南1-15-1（下車駅　中央線　阿佐ケ谷駅　地下鉄丸ノ内線　南阿佐ケ谷駅）	人　　口：508,621人
	世帯数：270,325世帯
	面　　積：34.02km^2
	人口密度：14,950.64人/km^2
	特産品：荻窪ラーメン
電　話：(03) 3312-2111	観　　光：善福寺公園、善福寺川緑地、妙法寺

備考欄

条例で指定した地区

千葉県 市川市

市川市工業地域等における大型マンション等建築事業の施行に係る事前協議の手続き等の特例に関する条例

▶ 特定地域では大型マンション等の建設に事前協議前の相談を義務付け／中止・変更勧告をも

2003年（平成15年）12月10日公布

　市川市は01年、それまでの宅地開発要綱を「市川市宅地開発事業の施行における事前協議の手続き及び公共施設等の整備に関する規準等を定める条例」（以下「宅地開発条例」という）にし、事前協議や公共施設等の基盤整備を義務付けたが、景気低迷で廃業や移転に追い込まれた工業地域や準工業地域の工場跡地に大型マンションが建設され、義務教育施設など公共施設の整備が追いつかないことから、「宅地開発条例」の特例条例として制定した。

　規制の適用対象は工業地域・準工業地域の大型マンション建築事業と、義務教育施設への受入れが困難と予測される特定地域（現在3小学校区）の中型マンション建築事業。工業・準工業地域では建築事業区域1㌶以上または計画人口800人以上の大型マンション、特定地域では事業区域が3,000平方㍍以上1㌶未満または計画人口250人以上800人未満の中型マンションを計画する事業者に「宅地開発条例」の事前協議の前に「事業計画相談書」を提出して相談を義務付けた。市長はこの相談で義務教育施設への受入れが困難と認めるときは、計画の中止、計画の延期または変更を勧告。従わない事業者は、協議、指導の内容を公開するとしている。また、対象となる計画には、道路、歩道、植栽帯、緑化施設、駐輪・駐車場、福祉施設（保育施設が優先）整備について、現行の「宅地開発条例」よりも厳しい整備基準が設けられた。

条例本文は下記ホームページの例規集にあります。

HP：http://www.city.ichikawa.chiba.jp/

都市計画

千葉県・市川市

市役所：〒272-8501
　　　　千葉県市川市八幡1-1-1
　　　　（下車駅　総武線　本八幡駅）
電　話：(047)334-1111
人　口：450,188人
世帯数：201,748世帯

面　積：57.46km²
人口密度：7,834.80人／km²
特産品：梨、海苔、銅製品
観　光：法華経寺、動植物園、貝塚（姥山、堀之内）

備考欄

目次
　第1章　総則（第1条―第6条）
　第2章　宅地開発事業の事前協議等
　　　　（第6条―第14条）
　第3章　条例適用事業の施行等（第15条―第17条）
　第4章　公共施設等の整備基準等（第18条―第27条）
　第5章　雑則（第28条―第32条）
　附則

神奈川県 川崎市

川崎市建築行為及び開発行為に関する総合調整条例

▶ 建築・開発行為の計画段階から関係住民への説明を義務付け／罰則も

2003年（平成15年）7月4日公布

　川崎市は住宅地における中高層マンション建設に際して生じる日照、騒音などの紛争を防止し、あわせて公園や緑地の整備を目的として条例を制定した。

　条例は、面積が500平方m以上での建築や開発行為に関して市、事業者、市民の総合的な調整を図るための事前手続を定めたもので、建築、開発行為の計画段階からの近隣住民との説明会の実施を義務付けた。住民と事業者の交渉は、住民の要望書の提出とそれへの事業者の見解書の通知、事業者の市長への説明報告書の提出と、それへの住民の意見書の提出という交渉のルールも条文化されている。また、公共施設の管理者との協議も明記され、事業者はこれらの手続きを経てはじめて、市長に対象事業の承認を申請することができるとされた。この承認（行政処分行為）を得ないで工事を着工した場合は、6月以下の懲役又は50万円以下の罰金に処すとの罰則規定も条例に盛り込まれた。また面積0.3ha以上の住宅開発に公園や緑地の設置を義務付けた。

　この条例と同時に、公園や緑地、敷地面積などを定める「都市計画法に基づく開発許可の基準に関する条例」も制定。住民と業者間の紛争の調整を定めた「中高層建築物の建築に係る紛争の予防に関する条例」を「中高層建築物等の建築及び開発行為に係る紛争の調停等に関する条例」として改正し、周辺住民や、市との関係に誠実な対応を強く求める内容とした。

条例本文は下記ホームページの例規集にあります。

HP：http://www.city.kawasaki.jp/

神奈川県・川崎市

市 役 所：〒210-8577　神奈川県川崎市川崎区宮本町1　（下車駅　東海道本線　川﨑駅　京浜急行　京急川崎駅）	世 帯 数：568,948世帯 面　　積：142.70km² 人口密度：8,820人／km² 特 産 品：電気機器、鉄鋼、梨 観　　光：川崎大師、よみうりランド
電　話：(044) 200-2111 人　口：1,258,605人	

備　考　欄

目次
- 第1章　総則（第1条〜第7条）
- 第2章　公益施設用地及び公園又は緑地（第8条・第9条）
- 第3章　対象事業に係る手続
    - 第1節　事前届出等（第10条・第11条）
    - 第2節　近隣関係住民への周知等（第12条〜第18条）
    - 第3節　公共施設の管理者等との協議（第19条）
- 第4章　対象事業の承認等（第20条〜第26条）
- 第5章　対象事業の実施等（第27条〜第29条）
- 第6章　雑則（第30条〜第34条）
- 第7章　罰則（第35条・第36条）
- 附則

神奈川県 横須賀市

特定建築行為に係る基準及び手続きならびに紛争の調整に関する条例

▶開発事業者に公園や集会施設・ゴミ集積所などの公共公益的な施設の整備を義務付け

2003年（平成15年）2月1日施行

条例では、許可を要する特定建築等行為の範囲を「面積500平方㍍以上の開発行為」「高さ10㍍超などの中高層建築物の建築」「大規模建築物の建築」「特定用途建築物の建築」「がけ地建築物の建築」「宅地造成」を対象として明確化している。

特定建築等を行う事業者（行為者）に一定面積の公園や集会施設・ゴミ集積所など、公共・公益的な施設の整備を義務付けた。更に1㌶以上の開発行為の場合は、市長が学校、保育所等の公益施設が必要と判断したときは、行為者はその用地を確保しなければならないとしている。良好な住環境の為に、開発行為により設けられる一戸建て住宅の敷地面積の最低限度を定めている。防犯に対する配慮や、環境配慮指針にしたがった措置に努めることなども求めている。

特定建築等行為の手続ルールとして、行為者に対して、近隣・周辺住民への説明や説明結果の報告を義務付け、近隣・周辺住民は、行為者の説明、結果報告に対して意見書を提出、行為者はこれに対して見解書を提出する義務を負うと行為者の責務を定めた。これらの手続きを経たうえで、行為者は市長の承認を得なければ特定建築行為に着手できないとの承認（行政処分行為）制度を盛り込んでいる。紛争になった場合に備え、「横須賀市特定建築等行為紛争調整委員会」を設置し、条例の実効性を確保するため、違反者に対する罰則規定も設けている。

条例本文は下記ホームページの例規集にあります。

HP：http://www.city.yokosuka.kanagawa.jp/

神奈川県・横須賀市

市役所：〒238-8550　神奈川県横須賀市小川町11　（下車駅　京浜急行　横須賀中央駅）	面　　積：100.62km^2
	人口密度：4,327.29人／km^2
	特産品：猿島わかめ、よこすか海軍カレー
電　　話：(0468) 22-4000	観　　光：くりはま花の国、うみかぜ公園、ペリー公園
人　　口：435,412人	
世帯数：176,554世帯	

備考欄

類似条例
鎌倉市(神奈川県)　開発事業等における手続及び基準等に関する条例
（2003年4月1日施行）
川崎市(神奈川県)建築行為及び開発行為に関する総合調整条例
（2004年7月1日施行）

都市計画

東京都 新宿区

新宿区ワンルームマンション等の建築及び管理に関する条例

▶ 30戸以上では高齢化対応や家族向け住宅を付置義務化

2003年（平成15年）12月8日公布

住環境や管理運営、居住者のマナーなどワンルームマンション建築にともなう近隣住民との紛争予防や、狭隘な集合住宅の新築・増築を抑制するため、世田谷区（2002年4月施行）、渋谷区（2003年1月施行）などで1戸当たりの専用面積や、駐車・駐輪場の設置、廃棄物保管場所、管理人室の併設などの建築基準を設け、建築主に努力義務を課してきた。

新宿区では、少子高齢化に対応して高齢者が安心して居住し、子育てもできる良好な住環境を整備することで、近隣住民との調和を図ることを目的として条例を制定した。ワンルームマンションとは専用面積29平方㍍未満の住戸10戸以上を有するものと定義をし、専用面積は18平方㍍以上でなければならないとしている。建設に当たっては建設敷地内に標識を設置し、区長に計画書を提出して近隣居住者等へ説明を行わなければならない。

住戸が30戸以上を対象に管理人室の設置を義務化し、1割以上の住居に関して管理人室への連絡用の通報設備や、手すりの設置など高齢者利用に配慮した処置をしなければならない。また、住居の一定割合を家族世帯向け（39平方㍍以上）にすることも義務付けている。違反には勧告や事実公表の規定を盛り込んだ。

条例本文は下記ホームページの例規集にあります。

HP：http://www.city.shinjuku.tokyo.jp/

東京都・新宿区

区 役 所：〒160-8484 東京都新宿区歌舞伎町1-4-1（下車駅 山手線 中央線 新宿駅）	面　　積：18.23km²
電　　話：(03) 3209-1111	人口密度：14,692.21人／km²
人　　口：267,839人	特 産 品：東京手描き友禅、つまみかんざし、東京染小紋
世 帯 数：151,309世帯	観　　光：新宿超高層ビル、神宮外苑、新宿御苑

備考欄

類似の条例
- 世田谷区建築物の建築に係る住環境の整備に関する条例（2003年4月1日施行）第5章　ワンルームマンション建築物に関する措置（第21条－第24条）
- 渋谷区ワンルームマンション等建築物の建築に係る住環境の整備に関する条例（2003年1月1日施行）

東京都

東京のしゃれた街並みづくり推進条例

▶住民主導で市街地景観整備へ／都が重点地区を指定

2003年（平成15年）3月14日公布

2003年1月施行の都市計画法改正で、住民やまちづくりNPOなどによる都市計画案の提案が可能となった。これを受けて都は、都民等による主体的な都市づくりを推進し、都市の再生を進める条例を制定した。

条例は、街区再編まちづくり制度と、街並み景観づくり制度の2本柱で構成されている。街区再編まちづくりとは、幹線道路などに囲まれた「街区」ごとに、その一体性を保ちながら、市街地の計画的で魅力的な再編整備を進める。街並み再生方針を定め、必要に応じて再開発地区計画を定める。この場合、住民等は改正都市計画法に基づき、計画案を提案できる。

また知事は、必要性が特に高い地区を住民などの希望をもとに、街並み景観重点地区を指定し、地区の住民等は、街並み景観準備協議会を結成できる。準備協議会は、建物の外観や高さ、屋外広告物などの街並みガイドラインを定める。今までは住民がガイドラインを作っても私的なルールにとどまっていたが、条例化することにより拘束力があるガイドラインとなった。都は、登録している建築家や都市計画プランナーなどを、「街並みデザイナー」として派遣し、ガイドライン作りを支援する。

条例本文は下記ホームページの例規集にあります。

HP：http://www.reiki.metoro.tokyo.jp/

東京都

都　庁：〒163-8001　東京都新宿区西新宿2-8-1　（下車駅　地下鉄大江戸線　都庁前駅）	人　口：11,905,712人 世帯数：5,597,805世帯 面　積：2,187.57km^3 人口密度：5,443.73人／km^3
電　話：(03) 5321-1111	

備考欄

目次
　第一章　総則（第一条―第五条）
　第二章　街区再編まちづくり制度（第六条―第十九条）
　第三章　街並み景観づくり制度（第二十条―第三十八条）
　第四章　まちづくり団体の登録制度（第三十九条―第四十五条）
　第五章　雑則（第四十六条）
　附則

鳥取県

鳥取県採石条例／鳥取県砂利採取条例

▶採石・砂利採取二つの分野での条例制定は全国初

2003年（平成15年）12月26日公布

鳥取県では今まで、国の採石法・砂利採取法に基づく「要綱」をつくり、業者の認可や処分をしてきた。要綱に強制力は無く指導に限界のある中で崩落事故も起き、強制力のある条例とした。採石・砂利採取の二つの分野で条例制定したのは鳥取県が全国初となる。

二つの条例では、岩石や砂利の急角度の掘削、汚濁水の場外流出など事故や環境悪化の原因を未然に絶ち、区域内採取や埋め戻しが的確に行われるよう、県の指導・監督、業者の法令遵守を双方の責務とし、双方とも災害の防止にあたるとしている。採石等の許可にあたっては、採石にあっては「跡地の防災措置の履行確保」、砂利採取にあっては「埋め戻しの履行確保」を「確実に行うと見込まれる場合でなければ、」許可をしないとしている。また許可基準も条例で定めており、○採取区域○採取する岩石・砂利の種類と数量○採取期間○掘削角度○騒音、ほこりの防止策○住民の進入防止策─などの基準を規定している。

さらに、業者は採取実績や埋め戻し状況（採石にあっては跡地の防災措置の実施状況）などを、年に1回県に報告しなければならない。県はこの報告に対して報告がない場合、必要があると認めるときは、事務所及び採取場に立ち入り検査をする。業者が認可を受けた計画を守っていなかった場合は県が改善を指導し、検査の結果が法に抵触していれば、業者登録を消除し災害防止のために必要な命令をする。

条例本文は下記ホームページの例規集にあります。

HP：http://www.pref.tottori.jp/

鳥取県

県　庁：〒680-8570　鳥取県鳥取市東町1-220　（下車駅　山陰本線　鳥取駅）	人　口：616,642人
電　話：(0857) 26-7111	世帯数：212,529世帯
	面　積：3,507.19km^2
	人口密度：175.82人／km^2

備考欄

参考
広島県は採石条例のみ制定
北海道は砂利採取条例のみ制定

滋賀県

滋賀県環境こだわり農業推進条例

▶農薬・化学肥料の使用量半減化の農業者に助成制度／全国初

2003年（平成15年）4月1日施行

　滋賀県は、2001年から減農薬や水田の濁水流出防止に取り組む農家に「環境こだわり農産物」の認証制度に取り組んでいたが、新たに農薬や化学肥料の使用量を通常の半分以下に抑える農業従事者に直接助成する条例を制定した。

　条例では、化学合成農薬・化学肥料を慣行の5割以下に削減するとともに、濁水の流出防止など、琵琶湖をはじめとする環境への負荷を削減する技術で生産された農産物を「環境こだわり農産物」として認証。認証された農産物には、県の認証マークを表示して出荷・販売ができるとしている。

　また、環境こだわり農業の定着を図るため、化学合成農薬・化学肥料を慣行の5割以下に削減するなどの栽培方法による生産を行うことについて農業者等と知事が協定を締結する「環境こだわり農業実施協定」の制度を導入。協定を締結することで環境こだわり農産物生産計画の認定を受けた者とみなされ、環境こだわり農産物の認証が受けられる他、経済的助成（環境農業直接支払制度）が受けられる。協定の期間は5年間。

　同県では、稲作の場合、農薬や化学肥料の使用量を通常の半分以下にすると、収穫量が1.3割減少し、除草など労働時間は増加。販売単価は上がるが10a（1反）あたり年間1,700円所得が減少すると予測している。環境配慮型農業に取り組む農業者への助成制度は全国で初めてとなる。

　又、条例に基づく「環境こだわり農業推進基本計画」が、03年度から08年度までの5ヶ年計画として策定された。

条例本文は下記ホームページの例規集にあります。

HP：http://www.pref.shiga.jp/

滋賀県

県　庁：〒520-8577 滋賀県大津市京町4-1-1 （下車駅　東海道本線　大津駅）	人　口：1,341,405人
	世帯数：445,556世帯
	面　積：4,017.36km^2
電　話：(077) 524-1121	人口密度：333.90人／km^2

備考欄

滋賀県環境こだわり農業基本計画
　基本方針
　1、自然環境と調和の取れた農業生産が県の農業のスタンダードになるよう推進する。
　2、環境こだわり農産物を滋賀ブランドとして確立する。
　3、食のグリーン購入を展開し、県民のさせる農業とする。
　2007年（平成19年）度を目標年度とする目標値
　・化学合成農薬・化学肥料の使用量（15％削減）、・河川の透視度（36cm）
　・農業濁水防止宣言集落数（250か所）、・家畜排せつ物のたい肥化率（86％）
　・環境こだわり農産物の栽培面積（水稲4,500ha）、（野菜、果樹、茶　計390ha）
　・環境こだわり農産物常設コーナー設置店舗数（25か所）
　・環境こだわり農産物の購入経験者の率（33％）

農林水産

山形県藤島町

藤島町人と環境にやさしいまちづくり条例

▶消費者に信頼される農業の町へ／遺伝子組み替え農産物栽培を規制、全国初

2003年（平成15年）4月1日施行

　山形県庄内地方の稲作地帯に位置する藤島町は、同町が重要な食料生産基地の役割を担い、安全で良質な農産物を生産し、消費者から信頼される農業の町づくりを進めることを目的に条例を制定した。

　条例では、人と環境にやさしい町づくりの基本理念として、持続可能な循環型まちづくりや安心・安全な食料生産基地の役割を果たすまちづくり、都市と共存できるまちづくりを実現することと規定。町や町民、事業者、来訪者の責務と役割を明示した。

　農業を基盤とする産業振興の基本施策としては、①農商工の連携で安全・安心な食料生産基地をめざす　②日本農林規格に沿った有機農産物生産を奨励し、消費者に信頼される農業の確立　③食料生産基地としての信頼を確保するため、遺伝子組み替え農産物の監視を強化、町の許可なく栽培しないよう規制を設ける　④研究機関と連携を深め、循環型社会の確立に向けた調査研究、資源の開発に努めることとして条文化した。

　農業振興にとどまらず、まちづくりを「人と環境にやさしい」ことを基本理念としてこの条例は制定された。そのために第16条では、この条例に基づいて産業、環境、福祉、教育などの分野の条例、規則を整備すると規定している。また、町の施策が基本理念に沿って展開されているのか町は評価を行うことが義務付けられている。

　遺伝子組み替え農作物の栽培を条例で規制するのは全国で初めてとなる。

条例本文は次ページにあります。

山形県・藤島町

町役場：〒999-7696　山形県東田川郡藤島町藤島字笹花25　（下車駅　羽越本線　藤島駅）	世帯数：3,043世帯
電話：(0235) 64-2111	面積：63.22km²
人口：12,487人	人口密度：199人／km²
	特産品：庄内米、モロヘイヤ麺、藁細工
	観光：東田川文化記念館、温泉（筍沢、湯の沢、長沼）

備考欄

類似条例
　板柳町（青森県）りんごの生産における安全性の確保と生産者の管理によるりんごの普及促進を図る条例（2002年12月13日施行）
　滋賀県　環境こだわり農業推進条例（2003年4月1日施行）

人と環境にやさしいまちづくり条例

　わたしたちは、人類も地球環境の一部であるという視点に立ち、自然との共生とはなにか、真の豊かさとはなにかを問い直し、その役割を果たす時と考える。
　藤島町は、重要な食糧生産基地の一翼であることを自覚し、町民が楽しく誇りを持って生産活動に励み、安全で良質な農産物を生産し、消費者から信頼される農業の町で在り続けたいと願っている。
　藤島に住むわたしたちは、都市を支えているのは農山村であるという認識のもとに永遠に青い空と緑の大地、澄んだ空気ときれいな水のある町として存在し続けていることを願い、「豊かな自然と恵みの大地」を、これからも豊かで誇れる郷土として子孫に引き継いでいくため、持続可能な「環境にやさしい暮らし方」、安全・安心な「循環型社会」のまちづくりを実現するため、この条例を定める。

第1章　総則
（目的）
第1条　この条例は、人と環境にやさしいまちづくりに関する基本的事項を定め、町、町民及び事業者が協働してまちづくりに取り組み、個性豊かで活力ある緑豊かな農村社会としての藤島町を形成することを目的とする。
（定義）
第2条　この条例において、次の各号に掲げる用語の意義は、当該各号に定めるところによる。
(1) 人と環境にやさしい　自然環境との共生を目指す暮らし方とともに、地域全体が心のふれあいに満ち、共に支えあうことをいう。
(2) 地球環境　通念的には、人類を取り巻く地球上の自然的要因を指すが、この条例では、人類を含む広義の環境をいう。
(3) 食農教育　食について学んだり、農業体験や農村の自然にふれあうことによって、食、農業及び環境の問題を身近に感じることを通して、食べ物の大切さや農業の重要性を認識し、生命の尊厳、健康及び環境を守ることの意義等を学ぶことをいう。
(4) 持続可能な　自然環境に配慮しながら、無理なく経済の営みが維持され、健康で文化的な生活を確保し、及び継続されることをいう。
(5) 循環型社会　農業を核とし、家庭と事業所、更には農業と商工業等の垣根を越えた町全体の資源循環システムを構築することによって、天然資源の消費を抑制し、環境への負荷ができる限り低減される社会をいう。
(6) 人と環境にやさしい農業　自然の摂理を尊重し、化学合成農薬及び化学合成肥料の使用を極力避け、堆肥その他の有機質資材の適正な使用のもとに、自然生態系を有効に活用した農業をいう。
(7) 地産地消　地元で生産されたものを地元で消費することをいう。
（基本理念）
第3条　人と環境にやさしいまちづくりの基本理念（以下「基本理念」という。）は、次の各号に掲げるものとする。
(1) 町民が住んで楽しく、誇りの持てる持続可能な循環型のまちづくりを実現すること。
(2) 安心・安全な食料生産基地としての役割を果たすまちづくりを実現すること。

(3) 都市と共存できるまちづくりを実現すること。

第2章 責務と役割

(町の責務)

第4条 町は、前条に定める基本理念に基づき、人と環境にやさしいまちづくりに関する基本的かつ総合的な施策を実施するものとする。

2 町は、人と環境にやさしいまちづくりの理解を推進するため、普及啓発活動を行うものとする。

3 町は、町民及び事業者の人と環境にやさしいまちづくりへの参画を奨励するものとする。

4 町は、人と環境にやさしいまちづくりを推進するに当たっては、広く町民から意見を聴取し、施策に反映するものとする。

5 町は、人と環境にやさしいまちづくりの企画立案、実施及び評価に関する情報を町民に提供するものとする。

(町民の役割)

第5条 町民は、基本理念を理解し、自発的かつ自立的に人と環境にやさしいまちづくりに取り組むとともに、町が実施する人と環境にやさしいまちづくりに関する施策に協力するように努めるものとする。

2 町民は、町に対して人と環境にやさしいまちづくりに関する意見を述べるように努めるものとする。

(事業者の役割)

第6条 事業者は、その事業活動が人と環境にやさしいまちづくりと密接な関係にあることを自覚し、基本理念を理解し、及び町民と協力して人と環境にやさしいまちづくりに取り組むとともに、町が実施する人と環境にやさしいまちづくりに関する施策に協力するように努めるものとする。

2 事業者は、町に対して人と環境にやさしいまちづくりに関する意見を述べるように努めるものとする。

(来訪者の役割)

第7条 来訪者は、町が推進する人と環境にやさしいまちづくりに関する施策を理解し、協力するように努めるものとする。

第3章 基本的施策

(産業の振興)

第8条 町は、人と環境にやさしいまちづくりの基盤となる農村社会を築くため、次の各号に掲げる施策を講じるものとする。

(1) 農業及び商工業等の広範な連携を図り、安全・安心な食料生産基地を目指す循環型社会の構築に努めること。

(2) 日本農林規格に沿った有機農産物の生産を奨励するとともに、人と環境にやさしい農業を推進し、消費者に信頼され愛される藤島町農業の確立に努めること。

(3) 食料生産基地としての信頼を確保するため、遺伝子組み換え農産物等の監視を強化し、町の許可なく栽培しないように規制を設けること。

(4) 産業界、研究機関及び公的機関等との連携を深め、循環型社会の確立に関する調査研究、資源の開発等に努めること。

2 町民は、産業振興のため、町で生産された農産物、加工された食品及びその他の製品の利用に努めるものとする。

3　事業者は、基本理念を理解し、誇りを持って自らの事業の推進及び発展に努めるものとする。
（環境の保全）
第9条　町は、循環型社会を構築するため、次の各号に掲げる施策を講じるものとする。
　(1) 山林、河川等の自然環境、耕地及び街並み等を良好に保全すること。
　(2) 資源循環型リサイクルシステムを構築すること。
　(3) 産業界、研究機関及び公的機関等との連携を深め、エネルギー資源の調査研究に努めること。
2　町民は、基本理念を理解し、循環型社会の構築と環境保全のため、自ら行うことを見出し、その取組みに努めるものとする。
3　事業者は、基本理念を理解し、自ら環境を守る取組みに努めるものとする。
（福祉及び健康の増進）
第10条　町は、町民の福祉及び健康の増進を図るため、次の各号に掲げる施策を講じるものとする。
　(1) 地域全体が、人と環境にやさしいまちづくりをとおして暖かい愛情と理解を持ち、共生型の農村社会を実現すること。
　(2) 社会福祉の充実を基盤とし、保健、医療、教育及び労働等の関連分野を含めた総合的な施策を推進すること。
　(3) 安全・安心な農産物の生産を推進し、地産地消を奨励すること。
　(4) 食と健康に関する情報の収集及び提供を行うとともに、関連の事業を実行すること。
　(5) 産業界、研究機関及び公的機関等との連携を深め、食と健康に関する調査研究及び取組みを進めること。
2　町民は、基本理念を理解し、共生型の農村社会を実現するため、ボランティア活動等に積極的に参加するように努めるとともに、地産地消を心がけ、自らの健康は自らが守るように努めるものとする。
3　事業者は、町民の福祉と健康に寄与するため、関連の情報を町に提供するように努めるとともに、積極的に企業ボランティア等の推進に努めるものとする。
（教育及び文化の振興）
第11条　町は、人と環境にやさしい暮らし方を実現するため、次の各号に掲げる施策を講じるものとする。
　(1) 町民に対し、循環型社会に関する学習機会を提供すること。
　(2) 次代を担う子供たちに対し、循環型社会の重要性を啓発するとともに、環境及び食農教育を推進すること。
　(3) 伝統文化を調査研究するとともに、農村文化の振興を図ること。
2　町民は、基本理念を理解し、積極的に学習及び文化活動をすすめ、伝統文化の伝承に努めるものとする。
3　事業者は、基本理念を理解し、魅力ある農村社会を創造するため、それぞれの事業活動の特性を活かした取組みをするように努めるものとする。

第4章　評価と調整
　（評価）
　第12条　町は、時代の変遷や社会の変化等町の状況に照らし、人と環境にやさしいまちづくりが町民、ひいては地球環境にとって真に価値のあるものとして実行されている

かどうかについて評価するものとする。
　(調整)
　第13条　町は、前条の評価の結果に基づき、人と環境にやさしいまちづくりの全体の調整を行うものとする。

第5章　推進体制
　(意見の聴取及び審議会等)
第14条　町は、人と環境にやさしいまちづくりに関する基本的施策を推進するに当たり、町民に関わる重要な事項について計画し、及び実施しようとする場合においては、あらかじめその概要を公表し、町民に意見を求めるものとする。
2　町は、前項の基本的施策を推進するに当たり、必要な場合は審議会、委員会及びプロジェクトチーム等を設けることができる。
3　前2項に定めるもののほか、必要な事項は別に定めるものとする。
　(町の体制整備)
第15条　町は、人と環境にやさしいまちづくりを推進するため、町の体制を整備するものとする。
　(条例等の整備)
第16条　町は、この条例に基づいて、産業、環境、福祉及び教育等必要と認められる分野の条例、規則及びその他の規程の整備に努めるものとする。
　(連携)
第17条　町は、人と環境にやさしいまちづくりの充実を図るため、他の自治体及び関連団体との連携並びに国際的な連携を図るものとする。
附　則
　この条例は、平成15年4月1日から施行する。

秋田県 象潟町

象潟町松くい虫から町をまもる条例

▶松くい虫の被害防止や防除、植林に町民の協力を規定

2003年（平成15年）4月1日施行

　象潟町は、防砂、防風などの公益的機能を持ち、町の木として指定されているクロマツ（松）や緑豊かな松林を松くい虫の被害から守るため、同町の対策について町民の協力を促すことを目的として条例を制定した。

　条例では、町は防除対象区域を定め、指定した区域の松林に対して、町が薬剤散布や薬剤樹幹注入を行い、被害木の伐倒作業を実施。対象区域以外の被害木の伐倒駆除、薬剤散布による防除は、所有管理する個人や法人が行うと定めた。個人が被害木の伐倒駆除できない場合は、町に依託し、費用の一部を負担するとしている。また、町民に被害木伐倒跡地への植林や、町が計画する松林再生植林への協力を条文に盛り込み、協力的な町民を顕彰する制度を設けた。

　同種の条例は新潟県紫雲寺町の「松くい虫緊急防除に関する条例」、鳥取県の「枯松伐採促進条例」、沖縄県の「松くい虫の防除に関する条例」に次いで4例目。顕彰制度の導入は初めてとなる。

条例本文は次ページにあります。

秋田県・象潟町

町 役 場：〒018-0113　秋田県由利郡象潟町字浜ノ田1　（下車駅　羽越本線　象潟駅）	面　　積：124.02km²
電　　話：（0184）43-3200	人口密度：109人／km²
人　　口：13,327人	特 産 品：牡蠣、アワビ、鴨
世 帯 数：4,053世帯	観　　光：象潟八景、獅子ヶ鼻湿原、蚶満寺

備考欄

＊松くい虫被害
　1979年の243万立方㍍をピークに、減少していたが、現在また増加する傾向にある。2002年度は91万立方㍍であった。北海道と青森県を除く全国に被害は及んでいる。

類似条例
　紫雲寺町松くい虫緊急防除に関する条例（2001年4月1日施行）
　鳥取県枯松伐採促進条例（2001年1月1日施行）
　沖縄県松くい虫の防除に関する条例（2001年6月1日施行）

農林水産

松くい虫から町をまもる条例

(趣旨)
第1条　この条例は、町の木である「クロマツ(松)」を松くい虫被害から守るため、その対策について、町民からの協力が不可欠であることを明確にし、松くい虫防除に関し必要な事項を定めるものとする。
(用語の定義)
第2条　この条例において、次の各号に掲げる用語の意義は、それぞれ該当各号に定めるところによる。
　一　薬剤散布
　　　防除のため薬剤散布をする地上散布、航空防除及び無人ヘリによる薬剤散布等をいう。
　二　樹幹注入剤
　　　防除を行うため、木に直接注入する薬剤をいう。
　三　伐倒駆除
　　　被害木の伐倒及び破砕、伐倒及びくん蒸又は伐倒及び焼却(炭化を含む。)をいう。
　四　法人等
　　　法人、公益的団体及び事業の用に供する松を管理する者をいう。
(防除実施の対象区域)
第3条　防除実施の対象区域は、町長が別に定める区域とする。
(町が行う防除対策)
第4条　町は、別に定める区域において、防除対策として次の各号に掲げる防除を実施する。
　一　薬剤散布による防除
　二　樹幹注入剤による防除
　三　被害木の伐倒駆除
　四　その他町長が必要と認める防除
(個人等が行う防除対策)
第5条　個人、法人等及び町内に土地を保有又は管理する者(以下「個人等」という。)は、防除対策として次の各号に掲げる防除を行うものとする。
　一　個人等が保有又は管理する土地(前条に規定する区域の土地を除く。)における薬剤散布による防除
　二　個人等が保有又は管理する土地(前条に規定する区域の土地を除く。)における被害木の伐倒駆除
(伐倒駆除の受委託)
第6条　個人等は、前条第2号の規定による被害木の伐倒駆除を行うことができない場合、町に委託することができる。
　2　町は前項の規定による委託の申し出があった場合、調査を行い、伐倒駆除するに相当と認められたときは受託する。
(費用の請求)
第7条　町長は、前条の規定により委託を受け処理した場合は、それに要した費用の一部を当該委託者に請求するものとする。ただし、費用の負担割合については、別に定めるものとする。
(町が行う防除対策への協力)

第8条　個人等は、町が行う次の防除対策に協力するものとする。
　一　第4条第1号から第4号の規定による防除
　二　被害木伐倒跡地への植林及び町が計画する松林再生植林等
　（指導及び助言）
第9条　町長は個人等に対し、この条例の遵守に必要な指導及び助言を行うものとする。
　（顕彰）
第10条　町長は第5条及び第8条の規定に関し、特に協力的と認められた者を表彰する。
　（規則への委任）
第11条　この条例の施行に関し、必要な事項は規則で定める。
　　附　　則
　この条例は、平成15年4月1日から施行する。

長崎県

人と環境にやさしい長崎県農林漁業推進条例

▶法令違反の薬品使用に出荷停止を勧告／農林水産物の生産過程の履歴も表示

2003年（平成15年）12月22日公布

　長崎県は、県内のトラフグ養殖業者の過半数が、養殖する過程でホルマリンを使用していたことが、同県の調査で判明、県はホルマリンの即時使用停止、ホルマリンを使用した魚の出荷停止要請を行ったが、罰則や権限の規定がなく、出荷をめぐる混乱が続いていたことから、新たに条例を制定した。

　条例では、「人と環境にやさしい農林漁業」を、農薬、肥料、飼料及び動物用医薬品の適正な使用を確保し、家畜排せつ物の有効利用による地力の増進、養殖漁場の改善を図ることによる、人の健康と環境への負荷を少なくした持続性の高い農林漁業と定義。生産者は、使用を禁止された農薬や医薬品を使用した農林水産物を出荷したり、販売してはならないとした。県に立ち入り検査や、生産者に報告を求める権限を規定。生産者が法令に違反する薬品を使用した場合は、県が出荷停止や回収などの措置を勧告、勧告に従わない業者は、氏名や名称、住所などを公表するとしている。

　安全な農林水産物を生産し、供給するため、農薬や肥料、飼料、動物用医薬品が適正に使用されていることを示す生産過程の履歴を確認できるシステムを導入することも条例に盛り込んでいる。

条例本文は下記ホームページの例規集にあります。

HP：http://www.pref.nagasaki.jp/

長崎県

県　庁：〒850-8570　長崎県長崎市江戸町2-13　（下車駅　長崎本線　長崎駅）	人　口：1,522,140人　世帯数：582,875世帯　面　積：4,092.80km²
電　話：(095) 824-1111	人口密度：371.91人／km²

備考欄

類似条例
　愛媛県漁業者等ホルマリン使用禁止等条例（2003年5月1日施行）
　明浜町沿岸域の環境保全に関する条例（2003年5月1日施行）

徳島県 上勝町

上勝町森林農地適正管理条例
上勝町森林農地適正管理基金条例

▶全国初、森林・農地保全へ担い手を全国公募／寄付金や一般財源から基金も

2003年（平成15年）4月1日施行

上勝町は、農産物、木材価格の下落による農地・森林保有者の生産意欲の低下や、後継者離れによる就業年齢の高齢化で手入れの行き届かない耕作放棄地や放棄林が増加していることから、森林や農地を保全・管理する担い手の育成と、この事業を実施する経費の確保を目的に、森林農地適正管理条例と、基金条例を制定した。

管理条例では、町は森林農地適性管理計画を策定、同計画を推進するため、森林農地管理士確保育成事業を創設し目的の達成を図るとしている。また、長期にわたり事業推進支援を行う財源に充てるため、森林農地適正管理基金を設置。基金条例では、毎年度基金として積み立てる額を、一般寄付金と一般会計より1,000万円以上と定めた。

管理条例の第7条で、創設した森林農地管理士は、町が定める資格を取得して、森林農地の適性管理業務に従事する技術者。同町では、森林農地管理組織を設立し職員を全国から公募、町が独自に定めた研修を実施し、管理士の資格を得た人に間伐や農作業を請け負ってもらうとしている。

条例施行以来、04年度までに6名の研修生がこの森林農地管理士の研修を受けている。また、全国のNPO組織からこの適正管理に関する研修者が派遣されている。町では、研修生の地元定着も期待して事業展開を行っている。

条例本文は次ページにあります。

徳島県・上勝町

町役場：〒771-4501 徳島県勝浦郡上勝町大字福原字下横峯3-1（下車駅 高徳線 徳島駅からバス）	世帯数：873世帯
	面積：109.68km²
	人口密度：199人／km²
電話：(08854) 6-0111	特産品：神田（じでん）茶、色彩（いろどり）んく、色彩味付けポンズ
人口：2,302人	観光：百間滝、潅頂ヶ滝、高丸山

備考欄

農林水産

上勝町森林農地適正管理条例

（目的）
第一条　この条例は、21世紀を地球環境の時代ととらえ、本町の森林農地の適正な管理により「持続可能な地域社会づくり」を目指し、町並び森林所有者等の責務を明確にするとともに、森林農地の適正管理施策を総合的かつ計画的に推進し、町民の健康で文化的な生活の持続に寄与することを目的とする。

（定義）
第2条　この条例において、次の各号に掲げる用語の意義は、当該各号に定めるところによる。
(1) 森林農地適正管理とは、上勝町における森林農地等が適切に管理され、人と他の動植物が共生できる環境の管理をいう。
(2) 森林農地管理士とは、町が定める資格を取得して、森林農地等の適正管理業務に従事する技術者等をいう。

（基本理念）
第3条　森林農地適正管理は、健全で恵み豊かな森林農地等の環境が、町民の健康で文化的な生活に欠くことのできないものであることにかんがみ、現在及び将来の町民がこの恩恵を享受するとともに、人と自然との共生が将来にわたって確保されるように適切に行われなければならない。
2　森林農地適正管理は、全ての者の参加及び相互の協力の下に、環境への負荷の少ない循環を基調とした社会経済活動が行われるようになることによって、経済の発展との調和を図りながら、持続的に発展することができる社会が構築されることを旨として、行わなければならない。

（町及び森林農地所有者等の責務）
第4条　町及び森林農地所有者等は、前条に定める森林農地適正管理についての基本理念（以下「基本理念」という。）にのっとり、森林農地適正管理に関し、その区域の自然条件及び社会条件に応じた施策を共働して策定し推進する責務を有する。

（基本的施策）
第5条　町は、森林農地の所有者等と共働して森林農地適正管理に関する施策を策定し、推進するにあたっては基本理念にのっとり、次に掲げる事項の確保を旨として、各種の施策相互の有機的な連携を図りつつ、総合的かつ計画的に行うものとする。
(1) 生態系の多様性の確保が図られるとともに、森林、農地、河川等における多様な自然環境が、地域の自然条件及び社会条件に応じて体系的に保全されること。
(2) 人と自然との豊かな触れ合いが保たれるとともに、潤いと安らぎのある森林農地の環境が管理されること。

（森林農地適正管理計画）
第6条　町長は、森林農地適正管理に関する施策の総合的かつ計画的な推進を図るため、森林農地適正管理に関する基本的な計画（以下「森林農地適正管理計画」という。）を森林農地所有者等の参加を得て策定する。
2　森林農地適正管理計画は、次に掲げる事項について定めるものとする。
(1) 森林農地適正管理に関する長期的な目標及び施策の大綱
(2) 前号に掲げるもののほか、森林農地適正管理に関する施策を総合的かつ計画的に推進

するために必要な事項
3　町長は、森林農地適正管理計画をさだめたときは、遅滞なく、これを公表しなければならない。
4　町長は、環境の状況の変化、経済事情の変化等により必要があるとみとめるときは、森林農地適正管理計画を森林農地所有者等の意見を聞いて変更するものとする。
（森林農地適正管理のための施策の推進）
第7条　町は、森林農地適正管理計画を推進するため、森林農地管理士確保育成事業を創設し目的の達成を図るものとする。
2　森林農地管理士確保育成事業に関し必要な事項は規則で定める。
（施策推進支援等の財源確保）
第8条　町は、長期にわたり前条の事業推進支援を行う財源に充てるため、森林農地適正管理基金を設けるものとする。
2　基金造成にあたっては、町民及び全国のこの事業の趣旨賛同者から寄付金等を受け入れることができる。
（森林農地所有者等の意見の反映）
第9条　町は、森林農地適正管理に関する計画及び実施にあたっては、森林農地所有者等の意見を反映させるように必要な措置を講ずるものとする。
（推進体制等の整備）
第10条　町は、関係機関相互の連携を図り、森林農地適正管理に関する施策を総合的に調整し推進するための体制を整備するものとする。
2　町は、森林農地所有者等と連携して、森林農地適正管理に関する施策を推進するための体制の整備に努めるものとする。
（県及び他の地方公共団体との協力）
第11条　町は、町の区域を越えた広域的な取組が必要とされる森林農地適正管理に関する施策について、県及び他の地方公共団体と協力して、その推進に努めるものとする。
（財政上の措置）
第12条　町は、森林農地適正管理に関する施策を推進するため、第8条で定めるもののほか、必要な財政上の措置を講ずるように努めるものとする。
（委任）
第13条　この条例に定めるもののほか、この条例の施行に関し必要な事項は、町長が別に定める。
附則
　この条例は、公布の日から施行する。

上勝町森林農地適正管理基金条例

（設置）
第1条　上勝町森林農地適正管理条例第8条の規定に基づき、森林農地管理士確保育成事業を実施する経費に充てるため、上勝町森林農地適正管理基金（以下「基金」という。）を設置する。
（積立額）
第2条　毎年度基金として積み立てる額は、一般寄付金及び一般会計より1,000万円以上とす

る。
(管理)
第3条　基金に属する現金は、金融機関への預金その他最も確実かつ有利な方法により保管しなければならない。
(運用益金の処理)
第4条　基金の運用から生じる収益は、一般会計歳入歳出予算に計上して、この基金に編入するものとする。
(基金の処分)
第5条　基金は、第1条の設置目的に必要とされる経費に充当する場合に限り、予算の定めるところにより処分することができる。
(繰替運用)
第6条　町長は、財政上必要があると認めるときは、確実な繰戻しの方法、期間及び利率を定めて基金に属する現金を歳計現金に繰り替えて運用することができる。
(委任)
第7条　この条例に定めるもののほか、基金の管理に関し必要な事項は、町長が別に定める。
附則
　この条例は、公布の日から施行する。

宮城県

みやぎ海とさかなの県民条例

▶県に水産業振興基本計画の策定を義務付け／議会の議決で計画決定、議員提案で

2003年（平成15年）4月1日施行

　宮城県は、水産業を取り巻く環境は厳しく、漁場環境の悪化、漁業生産量減少、漁業就業者の減少、輸入水産物との競合などにより、水産業の将来に不安が生じているとして、水産業の振興について、基本理念を定め、振興に関する施策を総合的かつ計画的に進めることを目的に条例を制定した。条例は議員提案として提出されている。

　条例では、知事の責務として、①水産業に関する中長期的な目標　②水産業の振興に関する基本的な方針及び計画的に講ずべき施策などの事項について「基本的な計画」を定めなければならないとの条文を盛り込み、基本計画の策定を義務付けた。

　この基本計画の策定にあたっては、県民の意見を反映させる（パブリックコメント）措置を講じるとともに、議会の議決を経なければならいと規定。基本計画の決定を議会の議決事項として位置付けている。

　また、水産業の振興に係る主要な方策として、消費者への情報提供や産業間の連携による新たな事業の創出、都市と漁業地域の交流などを条例のなかで明示。知事は、毎年度、水産業の振興に関して講じた施策を議会へ報告するとともに、県民に公表することも盛り込まれた。

条例本文は下記ホームページの例規集にあります。

HP：http://www.pref.miyagi.jp/

宮城県

県　　庁：〒980-8570　宮城県仙台市青葉区本町3-8-1　（下車駅　東北新幹線　仙台駅から地下鉄勾当台公園駅）	電　　話：(022) 211-2111　人　　口：2,348,465人　世 帯 数：839,484世帯　面　　積：7,285.16km^2　人口密度：322.36人／km^2

備 考 欄

類似条例
　青森県農林水産業を基幹とする産業振興に関する基本条例
　（2001年3月26日公布）

農林水産

愛媛県

愛媛県漁業者等ホルマリン使用等禁止条例

▶漁業でのホルマリン使用禁止／違反者には罰金、議員提案で

2003年（平成15年）5月1日施行

　愛媛県は、養殖トラフグなど養殖魚の薬浴などに使われるホルマリン（ホルムアルデヒド水溶液）がアコヤ貝の大量斃死につながっているとして使用禁止を求める関係漁業者の条例化の要望を受け、議員提案で条例を制定した。

　条例案では、漁業者等は、水産動物の薬浴及び漁網、いけすその他漁業の用に供する施設又は器具の消毒にホルマリンを使用してはならないと禁止を明記。知事はホルマリンを使用している者に対して、使用中止を命令、違反した者が組合員として加入する漁業協同組合に対しては、漁業法に規定する特定区画漁業権の適正な管理（入漁権の行使の規制など）

を取るよう要請するとしている。また、漁業者や漁業協同組合に対して報告や資料の提出を求め、必要に応じて漁場、船舶、事務所、事業場、倉庫に立ち入り検査する権限を定めた。

　使用禁止命令の違反や虚偽の報告、立入検査を妨げた場合は、氏名や名称を公表、罰則として5万円以下の過料に処すると規定している。

　条例に違反するおそれのある者に対して、何人も、ホルマリンを販売したり、授与しないよう努めることや、薬浴等にホルマリンを使用している者を発見した場合は、通報するよう努めることも条例に盛り込んでいる。

条例本文は下記ホームページの例規集にあります。

HP：http://www.pref.ehime.jp/

愛媛県

県　庁：〒790-8570　愛媛県松山市一番町4-4-2　（下車駅　予讃線　松山駅）	人　口：1,505,047人　世帯数：593,489世帯　面　積：5,676.44km^2
電　話：(089) 941-2111	人口密度：265.14人／km^2

備考欄

類似条例
　明浜町沿岸域の環境保全に関する条例（2003年5月1日施行）
　人と環境にやさしい長崎県農林漁業推進条例（2004年4月1日施行）

愛媛県 明浜町

明浜町沿岸域の環境保全に関する条例

▶水産動物の薬浴や漁網、漁業施設の消毒にホルマリン使用を禁止／市町村で初めて

2003年（平成15年）5月1日施行

　明浜町は、同町の海域でホルマリンが検出され、漁業被害が発生していることから、地元漁業協同組合の要望を受けて条例を制定した。

　条例では、「沿岸域」を「共同漁業権」の及ぶ範囲、「水産用医薬品」を、専ら水産動物のために使用されることが目的とされている医薬品で、薬事法の承認を受けているものと定義。漁業者や漁業従事者は、水産動物の薬浴や漁網、いけすその他漁業の用に供する施設又は器具の消毒にホルマリン（ホルムアルデヒド水溶液）その他水産庁が認める薬品以外を使用してはならないと明記した。

　町長は、条例の施行に必要な範囲で、事業者から報告の聴取や、事業所に立ち入り、業務の状況もしくは帳簿、書類等の物件を検査する権限も条文に盛り込まれた。

　規定に違反し、水産用医薬品以外のものを使用したり、虚偽の報告、立入検査を妨げたりした場合は、氏名及び住所等を公表、5万円以下の過料に処するとした。

　また、生活排水を公共水域に排出するときは、調理くず、廃食用油の処理、洗剤の使用を適正に行うことや、農薬の適正使用についても条例で規定。同町の環境保全の基本事項を調査審議するため、5人の委員で構成する環境審議会を設置した。

条例本文は次ページにあります。

愛媛県・西予市（旧　明浜町を含む）

市役所：〒797-8501　愛媛県西予市宇和町卯之町3-434-1　（下車駅　予讃線　卯之町駅）	世帯数：18,226世帯 面積：514.78km² 人口密度：92人／km²
電話：(0894) 62-1111 人口：47,324人	特産品：米、いちご、ミカン、真珠 観光：文化の里（開明学校）、四国カルスト大野ヶ原

備考欄

　愛媛県明浜町は市町村合併により、2004年4月1日より愛媛県西予市。
類似条例
　愛媛県漁業者等ホルマリン使用禁止等条例（2003年5月1日施行）
　人と環境にやさしい長崎県農林漁業推進条例（2004年4月1日施行）

明浜町沿岸域の環境保全に関する条例

(目的)
第1条　この条例は、明浜町(以下「町」という。)の沿岸域の環境保全に関し、町、住民及び事業者の責務を明らかにするとともに、必要な措置を講ずることにより、明浜町の沿岸域の環境の保全を図ることを目的とする。

(定義)
第2条　この条例において「沿岸域」とは、共同漁業権の及ぶ範囲をいう。

2　この条例において「漁業者」とは、漁業を営む者をいい、「漁業従事者」とは、漁業者のために水産動植物の採捕、養殖、蓄養又は増殖に従事する者をいう。

3　この条例において「水産用医薬品」とは、専ら水産動物のために使用されることが目的とされている医薬品(薬事法(昭和35年法律第145号)第2条第1項に規定する医薬品をいう。)で、同法第83条の規定により読み替えて適用される同法第14条第1項(同法第23条において準用する場合を含む。)の承認を受けているものをいう。

(町の責務)
第3条　町は、町の沿岸域の環境保全を図るため、必要な施策を講ずるものとする。

(住民の責務)
第4条　住民は、町の施策に協力しなければならない。

(事業者の責務)
第5条　事業者は、町の施策に協力しなければならない。

(生活排水等の適正化)
第6条　住民は、生活排水(炊事、洗濯、入浴その他人の生活に伴い排出される水をいう。)を公共用水域に排出するときは、調理くず及び廃食用油等の処理並びに洗剤の使用等を適正に努めるものとする。

(農薬の適正使用)
第7条　農薬を使用し、又は処理するものは、農薬取締法(昭和23年法律第82号)を遵守しなければならない。

(水産用医薬品以外のものの使用禁止)
第8条　漁業者及び漁業従事者は、水産動物の薬浴に、ホルマリンその他の水産用医薬品以外のものを使用してはならない。

2　漁業者及び漁業従事者は、魚網、いけすその他漁業の用に供する施設又は器具の消毒に、ホルマリンその他の水産庁が使用を認める薬品以外のものを使用してはならない。

3　漁業者は、水産用医薬品を使用するときは、適正にこれを使用しなければならない。

(関係法令の遵守)
第9条　住民及び事業者は、沿岸域の環境保全に関する法令を遵守しなければならない。

(国、県等への要請)
第10条　町長は、国、県及び関係地方公共団体に対し、沿岸域の環境を保全するために必要な措置又は協力を要請するものとする。

(指導及び助言)
第11条　町長は、住民又は事業者に対し、この条例の目的を達成するため必要な指導及び助言をすることができる。

(環境審議会)

第12条　明浜町の区域における環境の保全に関して、基本的事項を調査審議させるため、町長の附属機関として、明浜町環境審議会（以下「審議会」という。）を置く。
2　審議会は、前項に規定する事項に関し、町長に意見を述べることができる。
3　審議会は、町長が任命する5人以内の委員で組織する。
4　委員の任期は、2年とする。ただし、補欠の委員の任期は、前任者の残任期間とする。
5　委員は、再任されることができる。
6　特別の事項を調査審議するため必要があるときは、審議会に臨時委員を置くことができる。
7　専門の事項を調査するため必要があるときは、審議会に調査委員を置くことができる。
8　委員、臨時委員及び調査委員は、非常勤とする。
　（報告徴収）
第13条　町長は、この条例の施行に必要な限度において、事業者に対し、その事業に関し報告をさせることができる。
　（立入検査）
第14条　町長は、この条例の施行に必要な限度において、当該職員に、事業所に立ち入り、業務の状況若しくは帳簿、書類その他の物件を検査させ、又は関係者に質問させることができる。
2　前項の規定により立入検査又は質問をする職員は、その身分を示す証明書を携帯し、関係者に提示しなければならない。
3　第1項に規定する立入検査又は質問の権限は、犯罪捜査のために認められたものと解釈してはならない。
　（氏名等の公表）
第15条　町長は、次の各号のいずれかに該当する者の氏名及び住所等を公表することができる。
　(1)　第7条の規定に違反し、農薬を使用し、又は処理した者
　(2)　第8条第1項の規定に違反し、水産用医薬品以外のものを使用した者
　(3)　第8条第2項の規定に違反し、水産庁が使用を認める薬品以外のものを使用した者
　(4)　第8条第3項の規定に違反し、水産用医薬品を不適正に使用した者
　(5)　第13条の規定による報告をせず、又は虚偽の報告をした者
　(6)　前条第1項の規定による立入若しくは検査を拒み、妨げ、若しくは忌避し、又は質問に対して陳述せず、若しくは虚偽の陳述をした者
2　町長は、前項の規定による公表をしようとするときは、あらかじめ、前項に規定する者に意見を述べる機会を与えるものとする。
　（委任）
第16条　この条例の施行に関し必要な事項は、規則で定める。
　（過料）
第17条　次の各号のいずれかに該当する者は、5万円以下の過料に処する。
　(1)　第8条第1項の規定に違反し、水産用医薬品以外のものを使用した者
　(2)　第8条第2項の規定に違反し、水産庁が使用を認める薬品以外のものを使用した者
　(3)　第8条第3項の規定に違反し、水産用医薬品を不適正に使用した者
　(4)　第13条の規定による報告をせず、又は虚偽の報告をした者
　(5)　第14条第1項の規定による立入若しくは検査を拒み、妨げ、若しくは忌避し、又は質問に対して陳述せず、若しくは虚偽の陳述をした者
　　附　則
この条例は、平成15年5月1日から施行する。

石川県

石川県バリアフリー社会の推進に関する条例

▶改正ハートビル法を受け独自に拡充／新築学校もバリアフリー義務化

2003年（平成15年）10月14日改正

　石川県では03年4月に施行された改正ハートビル法で、自治体独自の制限追加が認められたことを受けて条例改正を行った。改正では新たに「第4章　特別特定建築物における義務等」を追加して、県の独自基準を設定した。同法では、不特定多数が利用する2000平方㍍以上の施設を新築、改築する建築主にバリアフリー化を義務付け、対象施設は、百貨店、ホテル、体育館、公衆浴場、飲食店など17項目にのぼるが、学校は入っていない。

　石川県は、特殊学校以外の学校へ就学を希望する体の不自由な子どもが多いことや、災害時の避難施設としての利用も想定されることから、独自に対象に加えた。対象となる学校は、小学校・中学校・高等学校・中等教育学校・大学及び高等専門学校。また、地域社会の更なるバリアフリー化を促進するため、対象施設の面積基準を法では2000平方㍍以上としているが、条例で1000平方㍍に引き下げている。積雪など北陸特有の事情にも対応し、出入り口部分にひさし又は屋根の設置も独自に義務化している。

　石川県では対象となる施設の建築申請があった場合、基準に適合しているかチェックし、適合していなければ建築許可を出さないとしている。施工後の検査で違反があれば改善命令を出し、従わない場合は同法に基づき100万円以下の罰金を適用するという。

条例本文は下記ホームページの例規集にあります。

HP：http://www.pref.ishikawa.jp/

石川県

県　庁：〒920-8580　石川県金沢市広坂2-1-1　（下車駅　北陸本線　金沢駅）	人　口：1,176,438人
電　話：(076) 261-1111	世帯数：408,676世帯
	面　積：4,185.32km²
	人口密度：281.09人／km²

備考欄

類似条例

東京都ではマンションや学校にも対象を広げ、物販店や飲食店は500平方メートル以上にするなどの改正案づくりをしている。

岡山県でも学校を対象にすることや、面積基準の引き下げ、出口への屋根やひさしの設置などを検討している。

栃木県 足尾町

足尾町失業者生活資金貸付条例

▶失業した町民を対象に無利子無担保で生活資金貸付を条例化

2003年（平成15年）12月17日公布・施行

　足尾町では景気の低迷で各企業が事業を縮小しているうえ、栃木県内の足利銀行の一時国有化で栃木県内経済の先行きが不透明となっていることから、条例の検討を進めていた。合併を控え、あまり債務を増やせないものの、当面の緊急避難処置として町民の生活不安解消を図る狙いもあり条例制定した。緊急措置のため条例は公布と同時に施行され、2004年3月31日までの時限条例としている。

　貸付対象者の資格は、住民票が町に2年以上あり町税及び使用料等を滞納してない者で2002年1月1日以降の失業者。条件としては町税等を滞納してない町民の連帯保証人一人以上が必要。この制度による融資は、無利子・無担保で1世帯20万円までで、返済は3ヶ月据え置き後、1年以内の返済となる。ただし町長が、災害その他特別の理由で返済が著しく困難と認めるときは、返済の一時猶予ができる。また繰上げ償還も可能とした。

　この条例での失業の定義は、雇用保険とは異なり、自己都合退職者は失業とはみなされず貸付の対象にはならない。また生活資金貸付総額は500万円以内となっている。

　同様の融資制度には、県社協生活資金や町社協福祉金庫貸付制度などがあるが、審査に2～5週間程度かかる。この制度は条例第8条で、「申請があった場合直ちに、貸付審査会を招集し決定する」としており、「速やか」にではなくて「直ちに」として、町民の便宜を図っているのが特長。

条例本文は次ページにあります。

栃木県・足尾町

町 役 場：〒321-1523 栃木県上都賀郡足尾町松原1-19（下車駅　わたらせ渓谷鉄道通洞駅）	人　　口：3,580人
電　　話：(0288) 93-3111	世 帯 数：1,825世帯
	面　　積：185.79km^2
	人口密度：19.27人／km^2
	特 産 品：足尾焼　足字銭最中
	観　　光：足尾銅山観光

備 考 欄

　離職者生活安定資金の融資制度は各自治体にあるが、ほとんど規則や要綱で対応している。

足尾町失業者生活資金貸付条例

(目的)
第1条　この条例は、足尾町に居住する者が景気の変動等により失業した場合、その世帯に対し足尾町失業者生活資金（以下「生活資金」という。）を貸し付けることにより、当該世帯の生活の安定を図ることを目的とする。

(定義)
第2条　この条例で「失業」とは、生計を維持するもの又はこれに準ずるもの（以下「生計維持者」という。）が自己の責任によらない理由で離職し、労働の意思及び能力を有するにもかかわらず、職業に就くことができない状態にあることをいう。

(生活資金の貸付け)
第3条　生活資金の貸付けは、生計維持者が失業したことにより、生活に困窮している世帯に対して行うものとする。
2　生活資金貸付総額は、500万円以内とする。

(貸付対象者の資格)
第4条　生活資金を借り受けることができる者は、前条の世帯の生計維持者で次の各号に掲げる要件を備えていなければならない。
(1) 平成14年1月1日以降に失業した者
(2) 本町の住民基本台帳に記録され、引続き2年以上居住している者
(3) 連帯保証人が1人以上得られる者
(4) 貸付金の償還が確実と認められる者
(5) 町税及び使用料等を滞納していない者

(連帯保証人の資格)
第5条　前条第3号の連帯保証人は、同居する親族以外の者で、次の各号に掲げる要件を備えている者とする。
(1) 本町の住民基本台帳に記録され、引続き2年以上居住している者
(2) 町税及び使用料等を滞納していない者
(3) 生活資金を連帯して返済する能力を有する者
(4) 生活資金の貸付けを受けていない者

(貸付限度額)
第6条　生活資金の貸付限度額は、1世帯につき20万円とする。

(借入申請)
第7条　生活資金の貸付けを受けようとする者は、規則で定めるところにより町長に借入れの申請をしなければならない。

(貸付審査)
第8条　町長は、前条の申請があった場合直ちに、「足尾町失業者生活資金貸付審査会（次項において「審査会」という。）」を招集し、当該貸付の適否等について決定するものとする。
2　審査会は、町長、助役、住民環境課長、総務課長、税務課長及び産業観光課長を持って組織する。

(利子)
第9条　生活資金の利子は、無利子とする。

(償還方法)

第10条　生活資金の償還は、貸付けを受けた月の翌月から起算して3箇月を据置き、12箇月以内の均等償還とする。ただし、生活資金の貸付けを受けた者（以下「借受人」という。）は、繰上償還をすることができる。
（貸付けの取消し等）
第11条　町長は、貸付決定を受けた者（以下「借受資格者」という。）又は借受人が次の各号の一に該当すると認めたときは、遅滞なく、貸付決定を取消し、又は既に貸付けを受けているもの若しくはその連帯保証人から生活資金の全部又は一部の返還を命ずることができる。この場合において、第3号については、その世帯の事情を考慮して行うものとする。
(1)　借受資格者又は借受人が、本町に住所を有しなくなったとき。
(2)　偽りその他不正な手段により、貸付決定又は貸付けを受けたとき。
(3)　生活資金の償還を怠ったとき。
2　前項の規定により生活資金の返還を命ぜられた者は、命ぜられた日から14日以内に返還しなければならない。
（延滞金）
第12条　借受人は、借り受けた生活資金を定められた償還期限までに償還せず、又は前条の規定による返還をしなかったときは、年14.6パーセントの割合をもって償還又は返還の期限の翌日から支払当日までの日数により計算した延滞金を支払わなければならない。ただし、当該期限までに支払わなかったことにつき、災害その他やむを得ない理由があると認められるときは、この限りでない。
2　前項の規定による延滞金の額に10円未満の端数が生じたときは、これを徴収しないものとする。
（償還金の支払猶予）
第13条　町長は、災害その他特別の理由により、借受人が償還期限までに借り受けた生活資金を返還することが著しく困難になったと認めるときは、その償還金の全部又は一部の支払いを猶予することができる。
（委任）
第14条　この条例の施行に関し必要な事項は、規則で定める。

　　　附　則
（施行期日）
1　この条例は、公布の日から施行する。
（有効期限）
2　この条例は、平成16年3月31日限りその効力を失う。ただし、その時までに第7条の申請を行った者に対する貸付及び第8条から第14条までの規定については、なお効力を有する。

千葉県 流山市

流山市民福祉活動事業運営資金貸付条例

▶法人格の無いNPO団体にも新規事業補助／500万円を限度に貸付

2003年（平成15年）4月1日施行

　条例はNPOの新規事業への運営資金の貸し付けを目的として制定された。その特色は、貸付が受けられる団体を「特定非営利活動法人等」と幅広くしており、第2条でその用語の意義を「市民福祉活動を行っている特定非営利活動促進法第2条第2項に規定する法人及び非営利の任意の団体」としている。法人格が無くても「市民福祉活動を行っている非営利の任意の団体」ならば資金の貸付が受けられる。また「市民福祉活動」を社会福祉法や介護保険法等に規定する事業に絞らず、「高齢者、障害者及び児童に対する福祉の向上、健康及び生きがいづくりの提供並びに福祉ボランティア活動の推進等のための民間活動」と幅広く規定し、現状の法律が想定していない全く新しい福祉サービスを、法人格の無い団体が展開する場合にも事業資金の貸付が受けられるようになっている。新規事業への貸付でこのような例は少ない。

　貸し付ける原資として「基金」を設置しその額は2000万円となっているが、市長は予算の定めるところにより、基金の額を追加することができる。一件につき最高500万円まで貸し付ける。年利は貸し付け決定日の長期プライムレートの二分の一で固定金利。1年目は元利償還を据え置くことができ、それ以降の3カ年間で半年賦元利均等償還となる。連帯保証人が必要で、その資格は独立して生活を営む成年者であって、貸付けを受けるNPOの構成員であることとなっている。

条例本文は下記ホームページの例規集にあります。

HP：http://www.city.nagareyama.chiba.jp/

千葉県・流山市

市役所：〒270-0192　千葉県流山市平和台1-1-1（下車駅　総武流山電鉄　流山駅）	面　　積：35.28km²
電　話：(04) 7158-1111	人口密度：4,271.62人／km²
人　口：150,703人	特産品：万上みりん、三楽みりん、てっぽう漬、卓球台
世帯数：56,402世帯	観　光：利根運河、近藤勇陣屋跡、小林一茶・秋元双樹連句碑（光明院）

備考欄

愛知県 高浜市

高浜市居住福祉のまちづくり条例

▶「住環境が福祉の基礎」という考え方で「居住福祉」を規定／全国初

2003年（平成15年）9月30日公布

高浜市では住み慣れたまちでいつまでも安全・安心・快適に住み続けたいというのが、市民の共通した願いであるととらえ、このような願いを実現するためには、住宅やそれを取り巻く居住環境と福祉と地域コミュニティーなどを総合的にとらえた居住福祉のまちづくりを進める必要があるとしてこの条例を制定した。同市では居住福祉を「安全・安心・快適に住み続けられる居住環境の実現」と定義づけている。

条例では次の四つの基本方針を掲げている　①高齢者、障害者をはじめすべての市民が安全かつ安心して暮らすことのできる良質な住宅を供給・誘導し居住の安定を図る　②高齢者、障害者をはじめすべての市民が安心かつ快適に暮らすことができる生活環境と社会環境の整備を図る　③高齢者、障害者をはじめすべての市民が災害時での安全性を確保できるように、地域住民主体の災害に強いまちづくりを図る　④高齢者、障害者をはじめすべての市民が地域社会の一員として共に生き、ともに支え合う意識の高揚を図ること。

条例第2条の基本方針の条文では、「市民」の前に、必ず「高齢者、障害者をはじめ」と入れ、良質な住宅の供給と生活環境、社会環境の整備をはかることを明記しており、ユニバーサルデザインのまちづくりを進める条例ともいえる。

また、市は施策を講じる際は事業者や市民組織と緊密な連携を図り、自ら設置、管理する施設で、行動上の制限を受ける者が円滑に利用できるよう整備をすすめるとした。事業者は良質な住宅の供給・良好な住環境の形成に努める、市民は相互に協力して地域コミュニティーの形成に努めるなど、それぞれの責務を明記している。

この他、耐震診断、高齢者の住宅確保、入居支援を項目に入れ、地域での障害者や高齢者の住まいの確保などに努めることも規定している。

条例本文は下記ホームページの例規集にあります。

HP：www.city.takahama.lg.jp/

愛知県・高浜市

市役所：〒444-1398　愛知県高浜市青木町4-1-2　（下車駅　名鉄三河線　三河高浜駅）	世帯数：13,159世帯
電話：(0566) 52-1111	面積：13,000km²
人口：38,700人	人口密度：2,977人／km²
	特産品：鶏卵、陶器
	観光：柳池院・宝満寺（吉浜細工人形・花の塔）

備考欄

条例目次
前文
第1章　総則（第1条―第7条）
第2章　安全・安心な住宅（第8条―第12条）
第3章　いきいき暮らせるまち（第13条―第18条）
第4章　安全・安心に住めるまち（第19条―第22条）
第5章　地域福祉の充実（第23条―第25条）
第6章　雑則（第26条）
附則

東京都
江東区

江東区成年後見制度利用支援条例

▶ 福祉サービスなどの契約を代行する成年後見人の報酬を独自に助成

2003年（平成15年）3月12日公布

　高齢者の介護分野に続き、障害者福祉分野でも03年度から、障害者自身がサービスを選び契約する「支援費制度」が始まり、江東区では「契約社会への対応が難しい人たちの権利を守るには、成年後見制度を利用しやすくすることが必要」と国の補助対象を拡大し、独自に助成する条例を制定した。

　成年後見制度では、身寄りがなかったり親族がかかわりを拒否している痴呆症、知的障害のある人々の場合は、市区町村長が後見人選任を家庭裁判所に申し立てることができる。01年度からは、こうした「首長申し立て」による後見人報酬を国が補助する事業が始まったが、4等親内の親族を探し出して意思を確認しなければならず、時間と手間がかかるため「首長申し立て」で制度を利用するのが困難だった。また国の補助制度では、首長申し立てに限定されており、障害が軽度の人で、所得の低い人は、制度を利用したくても、後見人への報酬支払い等が困難で後見人制度が利用できなかった。そこで、江東区は条例制定によって、本人や親族が家裁に申し立てた場合の費用と、後見人等（保佐人又は補助人を含む）の報酬も助成対象とした。

　施設入所者には月1万8千円、在宅の人には2万8千円を限度に、後見等をする弁護士会や社会福祉協議会などの法人に助成する。対象は、痴呆性の高齢者や知的障害者・精神障害者で、後見人報酬の支払いが難しい低所得者。

条例本文は下記ホームページの例規集にあります。

HP：http://www.city.koto.tokyo.jp/

東京都・江東区

区 役 所：〒135-8383 　　　　　東京都江東区東陽4-11-28 　　　　　（下車駅　地下鉄東西線　東陽町駅） 電　話：(03) 3647-9111 人　口：391,315人 世帯数：184,264世帯	面　積：39.44km^2 人口密度：9,922人／km^2 特産品：木材、木製品、江戸切子等ガラス工芸品 観　光：深川江戸資料館、芭蕉記念館、富岡八幡

備考欄

成年後見制度とは
　民法上の制度で、判断能力が不十分だったり、将来の判断能力の衰えに備えたい人たちを対象に、家庭裁判所などを通じて適切な後見人を決め、不動産管理や売買・請負契約などで本人が不利を被らない様にしている制度。現状での判断能力が不十分と思われる順に、後見、保佐、補助となり、江東区の条例は補助人までを報酬の対象として拡大した。

大分県

大分県公衆浴場法施行条例（改正）

▶レジオネラ感染症防止対策で検査と報告を義務付け／違反施設や内容を公表

2003年（平成15年）4月1日施行

大分県は、茨城県（2000年6月）や宮崎県（2002年7月）、鹿児島県（2002年8月）内の入浴施設でのレジオネラ集団感染事故を契機に、入浴施設の安全性に対する関心が高まっていることから、レジオネラ症防止対策を「大分県公衆浴場法施行条例」の中に規定し、同県内の入浴施設に安心して利用できるよう同条例を改正した。

条例では、浴槽水の水質基準について、レジオネラ菌の数は100ml中10個未満と規定。ろ過器を使用していない浴槽水や、循環式浴槽でも毎日完全換水している浴槽水は、年1回以上、連日使用している浴槽水は年2回以上、浴槽水の消毒が塩素消毒でない場合は年4回以上、レジオネラ菌の水質検査を行い、結果を保健所長に届け出るとともに、利用者の見やすい場所に掲示することを義務付けた。これに違反した場合は、県は営業者に遵守するように指示し、従わない場合は施設の名称と違反内容を公表するとしている。

衛生措置の基準では、浴槽水は定期的に換え、浴槽を清掃。レジオネラ菌の温床となりやすい集毛器の毎日清掃や、ろ過器・循環配管の定期的な洗浄も盛り込まれた。レジオネラ菌を空気に飛散させる恐れのあるジェット噴射装置を循環式で連日使用している浴槽水での使用を禁止し、また、浴槽水を再利用して、打たせ湯やシャワーに利用することなども禁じている。

条例本文は下記ホームページの例規集にあります。

HP：http://www.pref.oita.jp/

大分県

県　庁：〒870-8501　大分県大分市大手町3-1-1（下車駅　日豊本線　大分駅）	人　口：1,231,533人 世帯数：471,746世帯 面　積：6,338.19km^2 人口密度：194.30人／km^2
電　話：(097) 536-1111	

備 考 欄

レジオネラ感染症とは
　感染経路は十分解明されていないが、レジオネラ菌は土壌中に生息し、粉塵とともに空調用冷却塔水や人工的な水環境に混入して増殖する。レジオネラ感染症はその臨床症状から肺炎型と風邪症状のポンティアック熱型に大別される。最初の発症が確認されたのは、1976年米国フィラデルフィアで、日本でも1994年以降、大規模な集団感染が6件発生し、死亡にいたる事故も散見されている。

宮城県塩竈市

塩竈市ペット火葬場等の設置等に関する条例

▶ペット火葬場の建設を許可制に／隣接土地所有者の同意を義務付け

2003年（平成15年）10月1日施行

　塩竈市は、同市内で2003年4月、ペット火葬場の建設を巡り業者と住民が対立、建設工事が中断するなどの紛争になったことから、同様の問題が再び発生しないように条例を制定した。

　条例では、ペット火葬場等を設置しようとする者は、市長の許可を受けなければならないと規定。許可申請書の提出を義務付けた。また、許可基準として　①公共施設の敷地境界及び現に人が居住する住居からペット火葬場を設置する土地の境界迄の距離が、100㍍以上であること　②隣接土地所有者の同意を得ていること　③設置する場所が、沼地や河川地など水はけの悪い土地でないこと　④障壁又は密植した垣根、出入り口の門扉、排水路、防臭・防じん・防音設備の設置等を規定。市長は、これらの基準に適合していないときは許可をしてはならないと定めた。

　ペット火葬場については、墓地埋葬法や廃棄物処理法にも規定がなく、行政が指導する権限がないことから各地でトラブルが発生している。ペット火葬場に関する条例は、2000年9月千葉県市原市で、市として初めて制定されて以降、約10自治体で制定。2003年では、塩竈市を始め東京都板橋区や新潟県柏崎市で制定されている。

条例本文は下記ホームページの例規集にあります。

HP：http://www.city.shiogama.miyagi.jp/

宮城県・塩竈市

市役所：〒985-8501　宮城県塩竈市旭町1-1　（下車駅　仙石線　西塩釜駅）	面　　積：17.85km²
電　話：(022) 364-1111	人口密度：3,452.94人／km²
人　　口：61,635人	特産品：水産練り製品、海苔、牡蠣、日本酒
世帯数：21,347世帯	観　　光：塩竈神社、浦戸諸島

備考欄

類似条例
　市原市ペット霊園の設置の適正化に関する条例（2001年1月1日施行）
　日高市ペット霊園の設置等に関する条例（2002年4月1日施行）
　八潮市ペット霊園の設置等に関する条例（2002年9月25日公布）

東京都 杉並区

杉並区長の在任期間に関する条例

▶区長の多選自粛、在任期間は通算3期12年まで／全国初

2003年（平成15年）3月17日施行

「区長の多選禁止」を公約に掲げて当選した杉並区長は、区長の在任期間を通算で3期12年間とし、4期目の出馬を自粛するように努めることを定めた多選自粛条例を区議会に提案、賛成多数で可決された。首長の多選自粛を定めた条例は杉並区が全国で初めてとなる。その後、川崎市、大分県中津市、神奈川県城山町でも制定された。

条例では、杉並区長が予算の調整や執行、職員の任免その他の権限を行使する位置にあることから、長期にわたり区長の職にあることにともなう弊害を生ずるおそれを防止することが条例制定の目的とされた。区長の在任期間は通算して3任期（各任期の在任期間が4年に満たない場合も1任期）を超えて在任することがないよう努めるものとすると規定。任期途中に退職し、これに伴う選挙で再び当選して引き続き区長職に就く場合は選挙の前後を合わせて1任期として扱うとした。条例は時限規定を設けず恒久的な条例とされている。

一方、川崎市条例は「連続して3任期」とし、現職が自粛対象となる2013年までの時限条例として制定。中津市と城山町は「連続3任期」で、恒久的な条例として制定した。公職選挙法では多選を禁止する規定はなく、現行法のもとでは多選を禁止することはできないことから、各条例とも多選自粛の努力規定として制定された。

条例本文は下記ホームページの例規集にあります。

HP：http://www.city.suginami.tokyo.jp/

東京都・杉並区

区役所：〒166-8570 東京都杉並区阿佐谷南1-15-1（下車駅　中央線　阿佐ケ谷駅　地下鉄丸ノ内線　南阿佐ケ谷駅）	世帯数：270,325世帯
電話：(03) 3312-2111	面積：34.02km^2
人口：508,621人	人口密度：14,950.64人／km^2
	特産品：荻窪ラーメン
	観光：善福寺公園、善福寺川緑地、妙法寺

備考欄

類似条例
　川崎市長の在任の期数に関する条例（2003年7月4日施行）
　中津市長の在任期間に関する条例（2003年12月22日施行）
　城山町長の在任の期数に関する条例（2003年12月25日施行）

青森県 深浦町

深浦町出逢い・めぐり逢い支援条例

▶住民の定住対策に結婚推進委員制度を創設／婚姻が成立して居住には報奨金

2003年（平成15年）4月1日施行

　深浦町は、結婚の円滑な推進により、住民の定住促進と少子化対策を図ることを目的に、町が未婚者の結婚を支援する条例を制定した。

　同町は青森県の日本海側に位置する人口9千人あまりの町。2001年4月、全国に先駆けて実施した「たばこ自動販売機の屋外設置禁止」条例は全国から注目を集めた。

　現在、町内の20歳代から50歳代の未婚者は1千人にのぼるが、町内で婚姻が成立するのは、各年度30組程度となっていた。1993年から同町では結婚奨励金や仲人報奨金制度を設け、結婚対策を行ってきたが、十分な成果を上げることができなかったことから、町をあげて未婚者の結婚を支援する結婚推進員制度の設置を柱とする条例を制定した。

　条例では、町長が結婚推進委員を委嘱。未婚者の登録制度により登録された台帳を基に、相談、情報交換を行い相互の出逢い・めぐり逢いの場を提供するとしている。結婚推進員が、配偶者を紹介するなど結婚仲介の労をとり、婚姻が成立し深浦町に居住する場合、推進員に20万円の報奨金を支給する。

条例本文は次ページにあります。

青森県・深浦町

町役場	〒038-2324 青森県西津軽郡深浦町大字深浦字苗代沢84-2（下車駅　五能線　深浦駅）
電話	(0173) 74-2111
人口	9,115人
世帯数	3,029世帯
面積	315.19km²
人口密度	28.92人／km²
特産品	魚介類、つるつるワカメ（ワカメ100％の麺）
観光	千畳敷、円覚寺（国宝）、ウェスパ椿山

備考欄

　自治体の結婚支援策は、奨励金制度の他、出会いの場づくり、結婚した当事者への祝い金などがある。条例制定は全国でも例が少ない。

類似条例
　金ヶ崎町農業後継者結婚媒酌人奨励金支給条例
　（1982年4月1日施行）

深浦町出逢い・めぐり逢い支援条例

(目的)
第1条　この条例は、町内外の未婚者を対象に、結婚の円滑な推進、定住の促進及び少子化対策を図ることを目的とする。
(事業)
第2条　前条の目的を達成するため次の事業を行う。
　　1　未婚者の登録制度により、相談、情報交換を基に相互の出逢い・めぐり逢いの場を提供すること。
　　2　その他第1条の目的達成に必要な事項に関すること。
(登録)
第3条　登録の申込みをする者は、登録申込書に必要事項を記載し、町に提出するものとする。
2　町は、前項の規定により登録申込書の提出があったときは、この事業への登録を行うものとする。
3　登録事項は、プライバシー保護のため、他の目的に使用することができない。
(結婚推進員の委嘱)
第4条　結婚推進員は、生活経験が豊かで、広く社会の実情に通じ、地域住民の信頼の厚い者の中から、町長が委嘱する。
2　前項に規定する者のほか、この条例の目的達成のため、積極的に取り組む申し出のあったとき、町長が委嘱することができる。
(結婚推進員の職務)
第5条　結婚推進員は、町と連携を密にし、次に掲げる職務を行う。
　　1　登録対象者の登録推進に関すること。
　　2　登録者の調査把握及び情報収集に関すること。
　　3　登録者の仲介に関すること。
2　結婚推進員は、職務上知り得た事項を他に漏らしてはならない。その職務を辞した後も同様とする。
(報奨金)
第6条　配偶者を紹介するなど結婚仲介の労をとり、婚姻が成立し深浦町に居住する場合、結婚推進員に対し、20万円の報奨金を支給する。
(委任)
第7条　この条例の施行について必要な事項は、町長が別に定める。

　　附則
この条例は、平成15年4月1日から施行する。

東京都
八王子市

八王子市捨て看板防止条例

▶捨て看板の防止へ広告主に撤去費用を請求、罰金も／全国初

2003年（平成15年）7月1日施行

八王子市は、街路樹や電柱などにくくり付けられる、広告用の「捨て看板」は良好な都市景観を侵害するだけでなく、違反表示により青少年にも悪影響を及ぼすとして、捨て看板防止条例を制定した。

同市では、これまで「捨て看板」を東京都屋外広告物条例や屋外広告物法によって規制してきたが、行政が撤去しても、繰り返し違法表示が行われることから条例を制定したもの。市長は、捨て看板によって都市景観の維持に支障を生じていると認められる地域を「違反表示防止重点地区」に指定し、重点地域内において除去を行った場合には、捨て看板1枚につき1,000円を、捨て看板を表示した者や、撤去命令に違反した広告主に請求するとしている。

規制対象に看板放置者だけではなく広告主を加えた条例は全国初。

重点地域において、同一の広告主によって捨て看板が繰り返し表示された場合は、警告を行い、警告を受けた広告主が再度違反表示を行った場合は、是正命令を出すとした。命令に違反した者は、10万円以下の罰金に処すとの罰則規定も条例に盛り込まれている。

条例本文は下記ホームページの例規集にあります。

HP：http://www.city.hachioji.tokyo.jp/

東京都・八王子市

市 役 所：〒192-8501
　　　　　東京都八王子市元本郷町3-24-1
　　　　　（下車駅　中央線　西八王子駅）
電　　話：(0426) 26-3111
人　　口：521,359人
世 帯 数：213,696世帯

面　　積：186.31km^2
人口密度：2,798.34人／km^2
特 産 品：織物・繊維、電子機器、高倉大根
観　　光：高尾山、八王子城跡、夕やけ小やけふれあいの里

備考欄

類似条例
　羽村市捨て看板防止条例（2004年4月1日施行）

東京都 板橋区

板橋区長等の退職手当に関する条例（改正）

▶首長の退職手当を廃止、1任期の時限措置／全国の自治体で初めて

2003年（平成15年）6月30日施行

　板橋区長は、厳しい財政事情を理由として、区長の退職手当を廃止する条例案を区議会に提出。議会では全会一致で可決された。

　条例では、付則に「区長の職にある者に対し平成15年6月30日から平成19年4月26日までの間に支給すべき事由の生じた退職手当に係る同条の規定の適用については、同条の表中『100分の500』とあるのは、『100分の0』とする。」の条文を追加し、区長の退職手当を全廃した。

　現区長の任期である2007年（平成19年）4月までに限った措置で後任区長には適用しない。現区長は区長選挙で、公約に退職手当廃止を掲げていた。首長の退職金の廃止は全国の自治体で初めてとなる。

　大阪府高石市議会は2003年9月、市長、助役、収入役、教育長の退職金を廃止する条例改正を行った。新市長が、財政再建策として自らの給与、期末手当の半減を専決処分で実施、市長退職金を廃止する条例改正案を提出していたが、市議会では4役の退職金廃止の修正案が提出され可決された。自治体4役の退職金廃止は全国で初めての事例となった。

　市町村合併をしないことを宣言した福島県矢祭町では、厳しい財政運営に応えていくための経費削減策として、現町長ら特別職4人の年間給与を総務課長と同額にする給与条例の改正を行っている。

条例本文は下記ホームページの例規集にあります。

HP：http://www.city.itabashi.tokyo.jp/

東京都・板橋区

区役所：〒173-8501
　　　　東京都板橋区板橋2-66-1
　　　　（下車駅　地下鉄三田線　板橋区役所前駅）
電　話：(03) 3964-1111
人　口：503,286人

世帯数：243,786世帯
面　積：32.17km^2
人口密度：15,644.57人／km^2
特産品：精密機器
観　光：東京大仏

備考欄

類似条例
　高石市特別職等の職員の退職手当に関する条例を廃止する条例
　（2003年10月1日施行）

資料編

1998年～2002年に制定された
全国の特長的、先進的地方自治体条例一覧

◇各年ごとに項目別に区分して掲載しています
◇各自治体名と条例の特長、条例名の順で記載しています。
◇各条例の解説と条例本文は、1999年版～2003年版地方自治体条例集（イマジン出版既刊）に掲載されています

1998年に制定された条例一覧

まちづくり

熊本県・新和町	子育て・就業・定住など積極支援／人口減対策で制定	新和町ふるさとづくり事業に関する条例
新潟県・三川村	U・Iターン者に奨励金／通勤者の高速利用料金も助成	三川村若者定住促進条例
高知県・南国市	女性の積極起用の条例化で行政の活性化を、全国初	市の行政機関における男女の登用の均等の促進に関する条例

青少年

埼玉県・東松山市	市や保護者の責務規定／ナイフ事件防止条例	青少年をナイフ等の危害から守り東松山市を明るく住みよいまちにするための条例
宮城県・亘理町	町ぐるみで迷惑暴走をストップ	亘理町暴走族根絶運動推進条例

福祉

神奈川県・川崎市	民間事業所も含め福祉のまちづくりを	川崎市福祉のまちづくり条例
北海道・奈井江町他	介護保険へむけ広域連合を設置／全国初	空知中部広域連合規約
京都府・園部町	中学生以下の児童、医療無料化へ	すこやか子育て医療費助成条例
東京都・港区	独自の条例で子育て家庭支援	東京都港区児童手当条例

保健衛生

東京都・小笠原村	天然記念物保護へ島民の自覚	小笠原村飼いネコ適正飼養条例

環境

群馬県・高山村	人工照明抑制などを盛る	高山村の美しい星空を守る光環境条例
埼玉県・江南町	ホタルの生息する自然環境を守ろう—埼玉県内初の保護条例—	江南町ホタルの保護に関する条例
奈良県・十津川村	全村あげて美しい村を	十津川村美しい村づくりに関する条例
静岡県・清水市	ポイ捨て釣り具、旅行者にも罰則	清水市環境の美化に関する条例
山口県・豊浦町	ポイ捨て、落書きを罰金で規制	豊浦町環境美化条例
北海道・旭川市	アイヌの人々や開拓の先人に学び自然回復を	旭川市環境基本条例
北海道・釧路市	国際的視野で、タンチョウ、湿原保全を	釧路市環境基本条例
秋田県・大館市	放射性物質搬入の事前協議義務づけ	大館市環境保全条例
千葉県・市川市	全国初、土壌汚染に罰則規定	市川市環境保全条例
徳島市・日和佐町	開発に届出求め、違反事業は協力	日和佐町環境基本条例

を拒む

環境（アセス）

千葉県	全国初、残土埋め立ても対象に	千葉県環境影響評価条例
神奈川県・横浜市	計画段階から意見書提出、市民参加の拡充	横浜市環境影響評価条例

環境（水）

埼玉県・上福岡市	水源維持に住民も協力／植林・間伐資金を提供	上福岡市森ダム基金条例
神奈川県・座間市	全国初、地下水の質・量の保全条例	座間市の地下水を保全する条例
山梨県・須玉町	須玉町営林道管理運営条例とセットで、環境保全に全力	須玉町水道水源保護条例 須玉町営林道管理運営条例

環境（自然）

埼玉県・草加市	マンション開発に公園設置義務	草加市みどりの条例
熊本県・七城町	全国初、里山保全で守る自然	七城町里山保護条例

環境（大気）

滋賀県	全国初のアイドリング防止条例／低公害車の導入も	滋賀県自動車の使用に伴う環境負荷の低減に関する条例
埼玉県・狭山市	ダイオキシン排出抑制の目標値を明記／全国初	狭山市ダイオキシン類の排出の抑制に関する条例

環境（廃棄物）

栃木県	埋め立て3,000m²以上は許可制／懲役・罰金規定盛る	栃木県土砂等の埋立て等による土壌の汚染及び災害の発生の防止に関する条例
愛知県・名古屋市	廃棄物処理法改正で条例改正	名古屋市廃棄物の減量及び適正処理に関する条例
大阪府・河内長野市	有害な土砂の埋立て違反者には厳罰	河内長野市土砂埋立て等による土壌汚染と災害を防止するための規制条例
佐賀県・鳥栖市	規則を条例に、不法投棄対策強化	鳥栖市林道管理条例
北海道・利尻町	廃車不法投棄の防止で美しい島を	利尻町自動車の投棄を防止する条例
兵庫県・西淡町	埋め立て用土砂、採取地確認で汚染防止	西淡町における土砂等の埋立て等による災害及び土壌汚染の防止に関する条例
鹿児島県・志布志町	土砂の盛土、埋立て規制で環境保全	志布志町土砂等による土地の埋立て等の規制に関する条例

住宅

| 埼玉県・秩父市 | 定住人口を増やし地域活性化を／埼玉県下初の制度 | 秩父市マイホームサポート奨励金条例 |

都市計画

福島県	すべての景観を対象、無届け開発に罰金	福島県景観条例
大阪府・藤井寺市	ラブホテルの定義を明らかに実質建設禁止	藤井寺市ラブホテル建築の規制に関する条例
兵庫県・三田市	パチンコ店など公共施設周辺への出店規制	三田市遊技場等の建築規制に関する条例
広島県・広島市	業者に建築説明を義務付けて紛争解決へ	広島市中高層建築物の建築に係る紛争の予防及び調整に関する条例
岡山県・八束村	蒜山高原の自然環境を後世に／開発規制強め許可制へ	八束村村土保全条例

港湾

| 広島県 | 不法係留、廃棄ボートの一掃をめざして | 広島県プレジャーボートの係留保管の適正化に関する条例 |
| 佐賀県 | 全国初、国の半額の着陸料を条例化 | 佐賀県佐賀空港条例 |

交通

宮城県・白石市	運転中の携帯電話の使用自粛を求める　全国初	白石市交通安全対策の推進に関する条例
愛知県・豊橋市	駅周辺の渋滞解消へ指導強化	豊橋市違法駐車等の防止に関する条例
高知県・南国市	全国初、条例制定で高齢者の事故防止を	南国市高齢者交通安全対策の推進に関する条例
静岡県・清水町	運転中の携帯電話使用規制で事故発生県内1位からの脱出めざす	清水町交通安全対策の推進に関する条例

農林水産

| 東京都・日野市 | 市民と自然が共生する農あるまちづくり | 日野市農業基本条例 |

産業経済

| 静岡県・松崎町 | 海水浴場から暴力団追放　罰則規定も盛る | 松崎町海水浴場に関する条例 |

観光

| 島根県・松江市 | 用地取得金など交付で文化観光施設の立地促進 | 松江市文化観光施設誘致条例 |

教育

東京都・三鷹市	学校開放を条例化で促進	三鷹市立学校施設の開放に関する条例

情報公開

岩手県	公務を行った職員名、過去文書も対象	岩手県情報公開条例
愛媛県	全都道府県で最後の制定、議会も公開	愛媛県情報公開条例
新潟県・新潟市	「民間」個人も名前公表／開示範囲を拡大	新潟市情報公開条例
大分県・大分市	知る権利を尊重／点字・朗読でも可能	大分市情報公開条例
福岡県・香春町	より広く情報公開何人にも、出資・助成団体も対象	香春町情報公開条例
栃木県・高根沢町	情報は町民の財産、住民に選択権	高根沢町情報公開及び個人情報保護に関する条例

情報公開（議会）

宮城県・仙台市	都道府県・政令市初の議会情報公開条例	仙台市議会情報公開条例
北海道・喜茂別町	行政に先行して議会の情報公開／議員提案	喜茂別町議会情報公開条例

個人情報保護

大阪府・八尾市	全国初、死者の情報開示明文化／罰則規定を設ける	八尾市個人情報保護条例
京都府・宇治市	取り扱い中止請求権を明記／議会も対象	宇治市個人情報保護条例

人権

高知県	人権侵害を早急に解決へ／県や県民の責務明記	高知県人権尊重の社会づくり条例
兵庫県・川西市	子どもの人権擁護機関、全国初の条例化　―市提案・議員修正可決―	川西市子どもの人権オンブズパーソン条例

NPO

岩手県	個人の活動にも支援、全国初の条例化	社会貢献活動の支援に関する条例
宮城県	NPO促進条例を議会が主導／全国初の議員提案	宮城県の民間非営利活動を促進するための条例
埼玉県	NPO法人格認定で県民税を免除	埼玉県特定非営利活動促進法の施行に関する条例

| 三重県 | 開かれた研究会で条例づくり | （関連）埼玉県税条例の一部を改正する条例
三重県特定非営利活動促進法施行条例 |
| 兵庫県 | ボランティア活動発展へ支援策 | 県民ボランタリー活動の促進等に関する条例 |

自治制度

北海道	都道府県初のオンブズマン制度	北海道苦情審査委員に関する条例
山梨県	外部監査制度の導入で財源活用監視	山梨県外部監査契約に基づく監査に関する条例
群馬県・太田市	助役の廃止で経費削減、初の廃止明文化	太田市助役を置かないことの条例
三重県・久居市	事業全般への外部評価制度で職員の意識改革	久居市事業評価委員会設置条例

倫理（職員）

| 大阪府・八尾市 | 業者の不正要求は報告／職員倫理委員会を設置 | 八尾市職員倫理条例 |

倫理（政治）

東京都・狛江市	市長の資産公開、市民の審査会設置へ	政治倫理の確立のための狛江市長の資産等の公開に関する条例
三重県・鈴鹿市	職員採用時の紹介禁止	鈴鹿市議会議員政治倫理条例
福岡県・福岡市	政令市初、厳格基準／扶養親族も資産公開	福岡市議会議員の政治倫理に関する条例
茨城県・藤代町	会社等からの寄付を禁止／助役・教育長まで対象	藤代町政治倫理条例

住民投票

| 宮城県・白石市 | 全国初の首長提案の住民投票条例 | 白石市における産業廃棄物処分場設置についての住民投票条例 |
| 岡山県・吉永町 | 住民が直接請求した住民投票条例全会一致で可決 | 吉永町における産業廃棄物最終処分場の設置についての住民投票に関する条例 |

1999年に制定された条例一覧

まちづくり

| 兵庫県 | 人間サイズのまちづくりを推進／都道府県で初 | 兵庫県まちづくり基本条例 |
| 富山県・滑川市 | 住民の直接請求で大規模開発に一 | 滑川市まちづくり条例 |

		定の制限	
長野県・穂高町		緑ゆたかな住みよいまちをめざし制定	穂高町まちづくり条例
大分県・竹田市		芸術・文化部門功績者に奨励金／新たな定住者にも支援	竹田市いきいき定住促進条例
佐賀県・神埼町		若い世帯の子育てしやすい町に／地域振興券方式で「祝い金」支給	神埼町子宝券交付条例
大分県・耶馬渓町		子育て支援制度を新設／過疎化対策で制定	耶馬渓町定住促進条例
鹿児島県・蒲生町		住宅取得に奨励金支給／小学生以下の子供がいる町外世帯も対象	蒲生町ふるさと定住等促進条例（改正）

青少年

広島県		「暴走族相談員制度」の明記は全国初	広島県暴走族追放の促進に関する条例
埼玉県・秩父市		酒類自販機設置の自粛求め／全国2番目の条例化	秩父市酒類自動販売機の適正な設置及び管理に関する条例
島根県・松江市		地域ぐるみで暴走行為のないまちへ	松江市暴走族根絶対策推進条例

福祉

三重県		バリアーフリー推進協議会を設置／勧告・公表を盛る	三重県バリアフリーのまちづくり推進条例
大阪府・大阪市		「福祉団体が悪いことをするはずがない」を撤回、不正受給には罰を	大阪市社会福祉法人の助成に関する条例（改正）
大阪府・枚方市		福祉オンブズパーソン制度を導入／西日本で初めて	枚方市福祉保健サービスに係る苦情の処理に関する条例
北海道・奈井江町		「要介護」認定外の高齢者が入所して支援を受けることのできる全国初の施設を計画	奈井江町老人総合福祉施設の設置に関する条例（改正）
兵庫県・宝塚市		精神障害者の医療費を全額助成	宝塚市福祉医療費の助成に関する条例（改正）
石川県・川北町		小学校までの医療費無料化、2000年4月には中学生まで	川北町乳幼児・児童及び重度心身障害者医療給付金支給条例（改正）
京都府・園部町		高校生以下の医療費無料化／全国初	園部町すこやか子育て医療費助成条例（改正）

保健衛生

神奈川県・川崎市		ぜん息患者に市独自の医療費助成	川崎市成人呼吸器疾患医療費助成要綱
和歌山県		危険なペット許可制に／違反者への罰金も明記	和歌山県動物の保護及び管理に関する条例
青森県・小泊村		飼い猫登録制度で飼い主の自覚高	小泊村猫の保護及び管理に関する

	揚へ	規則
環境		
大分県	公害防止条例を全面改正、新に排ガス・フロンまで範囲拡大	大分県生活環境の保全等に関する条例（改正）
埼玉県・川口市	公園・道路を市民や企業が清掃／市と契約のうえ	川口市飲料容器等の散乱防止に関する条例
滋賀県・守山市	ゲンジボタルの保護と生育環境を守る	守山市ほたる条例
福岡県・赤村	河川管理者等にホタル保護の責務	赤村ホタル保護条例
三重県・宮川村	トイレがない場所でのキャンプは禁止	宮川村キャンプ地の指定に関する条例
兵庫県・明石市	夜間（午後10時から日の出まで）の花火は禁止、違反者に罰金	明石市の環境の保全及び創造に関する基本条例
和歌山県・有田市	指定地域でのポイ捨ては1万円以下の罰金	有田市美しいまちづくり条例
兵庫県・明石市	ポイ捨て「花火のもえかす」禁止／自販機の設置も届出	明石市空き缶等の散乱及びふん害の防止に関する条例
環境（水）		
群馬県・長野原町	地域指定して規制／氏名等公表の罰則も	長野原町水道水源保護条例
神奈川県・津久井町	アユの放流で清流保全活動／トラスト基金を積立て	津久井町中道志川トラスト基金条例
広島県・総領町	「江の川」美化へ連携／流域自治体一斉に条例づくり	総領町河川美化条例
環境（自然）		
千葉県・我孫子市	宅地化進む手賀沼斜面林の保全に助成金／無断伐採には罰則	我孫子市手賀沼沿い斜面林保全条例
静岡県・御前崎町	海洋環境の整備・保全に基金を積立て	御前崎町海洋環境基金条例
福岡県・田主丸町	住民緑化を奨励／花壇造りなどに補助	田主丸町緑の王国づくりに関する条例
環境（大気）		
埼玉県・所沢市	全国初、罰則付きダイオキシン類規制条例制定	所沢市ダイオキシン類等の汚染防止に関する条例
東京都・清瀬市	規制値を超したら、焼却炉一時使用中止	清瀬市ダイオキシン類等規制条例
東京都・渋谷区	焼却炉の使用中止には財政的措置も／施行規則で	渋谷区ダイオキシン類の排出規制に関する条例
大阪府・摂津市	環境総合条例にダイオキシン対策	摂津市環境の保全及び創造に関す

埼玉県・三芳町		を盛る 議員提出で成立、ダイオキシン類の排出規制	る条例 三芳町ダイオキシン類等排出抑制に関する条例

環境（廃棄物）

岐阜県	小規模産廃施設等の届出義務／変更・中止勧告や罰則も	岐阜県廃棄物の適正処理等に関する条例
岐阜県・土岐市	放射性廃棄物の市域内持ち込みを禁止	土岐市放射性廃棄物等に関する条例
和歌山県・串本町	林道を使用しての廃棄物運搬禁止	串本町林道管理条例
徳島県・貞光町	首長の判断基準を明記／住民同意など前提	貞光町産業廃棄物処理施設の設置に関する意見の基準を定める条例
愛媛県・松山市	マンション居住者の生ごみ減量を新たに支援	松山市生ごみ処理容器等購入費補助金交付要綱（改正）

住宅

北海道・苫小牧市	マイホーム支援の低利融資、バリアフリー改築も対象	苫小牧市マイホーム建設促進特例融資要綱
東京都・調布市	高齢者・障害者などの転居支援／市が保証人に	調布市高齢者世帯等住宅保証要綱
広島県・呉市	子育て家庭のマイホームづくりを応援	呉市子育て家庭住宅取得助成要綱
山梨県・小淵沢町	公費で浄化槽設置、点在する山間地住宅も生活環境アップ	特定環境保全公共下水道事業及び農業集落排水事業区域内個別排水事業区域内個別排水処理施設の設置及び管理に関する条例

都市計画

千葉県	まちの美観維持のための30年ぶりに大改正	千葉県屋外広告物条例
秋田県・秋田市	当事者間の話し合いをより多く／市はあっせん、調停役	秋田市中高層建築物の建築に係る紛争の予防及び調整に関する条例
神奈川県・横須賀市	建築物や工作物の「騒色」やめよう／補助金交付で協力要請	建築物等色彩協議要綱
愛媛県・松山市	特色あるまちづくりを／景観整備に財政援助	松山市屋外広告物条例
香川県・高松市	建てる前に水利用計画をチェック、整備に補助	高松市節水・循環型水利用の推進に関する要綱

港湾

静岡県	三条例を組み合わせプレジャーボートの不法係留規制強化	静岡県プレジャーボートの係留保管の適正化等に関する条例

交通

宮城県・高清水町	チャイルドシート購入を補助し、着用推進へ	高清水町交通安全対策及びチャイルドシート着用推進に関する条例
佐賀県・川副町	空港利用増へ独自のマイレージ／全国自治体で初	佐賀空港マイレージシステム助成運営要綱
沖縄県・読谷村	役場利用の村民に村がタクシー料金負担	読谷村乗用自動車利用助成金交付要綱

農林水産

島根県	高齢化率35％以上の集落対象に支援／全国初	島根県中山間地域活性化基本条例
北海道・稚内市	新規就農者に奨励金100万円、年間農地賃借料2分の1補助	稚内市新規就農支援条例
熊本県・熊本市	経営基盤安定へ農地借り入れに助成	熊本市農用地有効利用促進事業助成金交付要綱
京都市・園部町	森林の適正な管理でマツタケの復活を	園部町森林及び農地に関する管理条例

産業経済

香川県・仲南町	後継者の育成にむけ、町が奨励金支給	仲南町後継者育成等若者定住促進条例

教育

茨城県・総和町	まずは2教科から複数教員による授業実施	総和町教育活動指導員設置条例
石川県・内灘町	"学びの風"を内灘町に起こす、官民の力合わせ	内灘町生涯学習振興条例
岐阜県・北方町	少子化対策／第三子以降の教育費を町が応援	北方町子育て支援に関する助成金支給条例
三重県・伊賀町	町の景観、町並みも登録文化財	伊賀町文化財保護条例
岩手県・金ケ崎町	武家屋敷の風情を守る／保存地区指定申請へ	金ケ崎伝統的建造物群保存地区保存条例

情報公開

宮城県	審議会などの会議公開／出資法人も公開を義務化	宮城県情報公開条例（改正）
奈良県・橿原市	情報公開請求をEメールで／回答もEメール使用は国内初	橿原市電子メールによる情報公開の請求及び公開に関する事務取扱要綱
鳥取県・米子市	決済前文書や過去の文書も対象	米子市情報公開条例
福岡県・古賀市	開示目的に自然環境の保全を明記	古賀市情報公開条例
長野県・高森町	議会で修正、請求権者や公開の対象情報を広げる	高森町情報公開条例

福岡県・嘉穂町	町が年額100万円以上の補助金等を交付した団体も対象	嘉穂町情報公開条例
神奈川県・川崎市	会議公開を単独条例化／全国初	川崎市審議会等の会議の公開に関する条例
東京都・町田市	審議会や協議会の会議、議事録を公開	町田市審議会等の会議の公開に関する条例
福岡県・福岡市	条例とは別に、実行委員会を対象にした情報公開	福岡市実行委員会等の情報公開制度要綱

情報公開（議会）

宮城県	議会独自の情報公開、都道府県で始めて	宮城県議会の保有する情報の公開に関する条例

個人情報保護

奈良県・生駒市	「漏えい」に罰則を科す／コントロール権も保障	生駒市個人情報保護条例
奈良県・橿原市	電子メディア上の個人情報も対象／保護規定を明記	橿原市個人情報保護条例

人権

岩手県	迷惑行為について幅広く、細かく規制／懲役や罰金の罰則も	岩手県公衆に著しく迷惑をかける行為の防止に関する条例
鹿児島県	ストーカー規制へ条例／違反者に懲役や罰金刑	鹿児島県公衆に不安等を覚えさせる行為の防止に関する条例
埼玉県・嵐山町	犯罪被害者に傷害支援金、遺族には最高30万円	嵐山町犯罪被害者等支援条例

NPO

高知県	全国で初めて、NPO支援の「公益信託」制度	高知県社会貢献活動推進支援条例
大阪府・箕面市	豊かな地域社会をNPO団体と協働で築くために	箕面市非営利公益市民活動促進条例

自治制度

福島県	公共事業評価委員会を発足／新規事業も対象に	福島県公共事業評価システム要綱
神奈川県	役所の契約に、社会的貢献度の評価を導入	神奈川県障害者の雇用に努める企業等からの物品等調達に関する要綱
東京都・新宿区	行政全般を対象にオンブズマン制度／有識者で委員会設置	新宿区区民の声委員会条例
東京都・豊島区	外部監査制を導入／第3セクターなども対象	豊島区外部監査契約に基づく監査に関する条例

埼玉県・久喜市	審議会に第3者の意見反映／市職員は一部を除き委員を廃止	久喜市審議会などの委員の選任基準等に関する条例
鹿児島県・大和村	村の振興や行政事務への提案を村内外から募集	大和村民等の提案に関する条例
埼玉県・他92市町	人材育成で広域連合、県レベルの加入は初めて	彩の国さいたま人づくり広域連合規約
新潟県・上越市	部制を廃止、6副市長制へ	上越市助役定数条例（改正）
岐阜県・山岡町	助役制度を廃止し、「町づくり係」新設	山岡町助役を置かないことを定める条例
愛知県・一宮市	仕事をとるか、ボランティア活動を取るか／悩み解決	一宮市外国の地方公共団体の機関等に派遣される一般職の処遇等に関する条例
茨城県・総和町	郡内5町の公共施設使用料を統一	総和町都市公園条例（改正）

自治制度（議会）

| 広島県・黒瀬町 | 傍聴手続き不要／撮影・録音もOK | 黒瀬町議会傍聴規則 |

住民投票

| 徳島県・徳島市 | 住民投票の成立要件、禁止行為、罰則を盛る | 吉野川可動堰建設計画の賛否を問う徳島市住民投票条例 |

倫理（職員）

高知県	業者などからの贈与は報告義務／職員倫理審査会設置	高知県職員倫理条例
大阪府・八尾市	外部委員による職員倫理委員会設置／全国初	八尾市職員倫理条例（改正）
山口県・岩国市	利害関係者との会食、贈り物は禁止	岩国市職員倫理要綱

倫理（政治）

| 宮城県 | 都道府県レベルで初の政治倫理条例制定 | 宮城県議会議員の政治倫理の確立及び資産等の公開に関する条例 |
| 山形県・天童市 | 議員発議で条例議決／東日本の市では初 | 天童市政治倫理条例 |

2000年に制定された条例一覧

まちづくり

| 大分県・三重町 | 出産、結婚祝いに商品券／少子化対策と商店街活性化対策を結ぶ | 三重町定住化促進条例 |

福祉

東京都	コンビニなど小規模店舗やマンションも対象にバリアフリー化／出店時に図面の届出を義務化	東京都福祉のまちづくり条例
栃木県・宇都宮市	きめ細かな整備基準で福祉のまちづくり／銀行、葬祭場、集会場など広さに関わりなく対象に	宇都宮市やさしさをはぐくむ福祉のまちづくり条例・同施行規則
埼玉県・戸田市	市が市営住宅内にグループホームを設置	戸田市営福祉住宅条例
東京都・足立区	高齢社会対策への区と事業者の責務を明記／民間サービスの育成と評価を義務付け	足立区高齢社会対策基本条例
岐阜県・武芸川町	少子化の歯止めに第3子以上に小学校卒業まで手当てを支給／父子家庭の子育て支援の条例も制定	武芸川町少子化対策特別手当支給条例／武芸川町父子手当て支給条例

福祉（介護）

岩手県・山田町	低所得者の介護保険料を免除／利用者負担も軽減	山田町介護保険条例
千葉県・鎌ケ谷市	市町村特別給付で、訪問理美容サービス、介助移送サービスを独自に設定	鎌ケ谷市介護保険条例
東京都・小金井市	介護福祉全般を対象に条例化／オンブズ制度の設置も盛り込む	小金井市介護保険条例
福井県・鯖江市	介護保険利用者の「権利擁護」条例に明記／利用者擁護委員会を設置	鯖江市介護保険条例
愛知県・高浜市	自立認定の人にもケアプラン、サービス提供事業者の第三者評価も条例に	高浜市介護保険・介護予防の総合的な実施及び推進に関する条例
島根県・西郷町	在宅介護サービスをすべて無料に／従来の在宅福祉の姿勢を貫く	西郷町在宅介護手当支給条例
島根県・六日市町	低所得高齢者へ介護保険料を町が全額負担／制度円滑化へ独自条例	六日市町低所得者の介護保険制度円滑利用促進に関する条例

保健衛生

神奈川県	条例改正で人と動物との共生をめざす	神奈川県動物の愛護及び管理に関する条例
栃木県・日光市	野生サルに餌付け「厳禁」／全国初の条例	日光市サル餌付け禁止条例
北海道・浦河町	飼い犬、猫の管理を罰則付きで義務付け	浦河町犬及びねこに関する条例
岩手県・花泉町	国民健康保険税の資産割を廃止。	花泉町町税条例改正

| 千葉県・市原市 | 1世帯平均1万1千円の負担軽減　住宅地でのペット霊園の設置規制へ条例を制定／住宅50m以内不可、市では初めて | 市原市ペット霊園の設置の適正化に関する条例 |

環境

北海道	脱原発を条文に明記、放射性廃棄物に歯止め条例を制定	北海道省エネルギー・新エネルギー促進条例　北海道における特定放射性廃棄物に関する条例
北海道・登別市	旅行者や国、道の公共事業も条例の適用範囲に	登別市環境基本条例
秋田県・矢島町	町民に降雪期の除雪協力義務	矢島町住みよい環境づくり条例
千葉県・東金市	廃棄物から車放置まで対象を拡大／環境美化条例を制定	東金市清潔で美しいまちづくりの推進に関する条例
山梨県・河口湖町	環境審議会を設置、政策立案に参加	河口湖町環境審議会条例
佐賀県・神埼町	容器包装追放でごみ減量へ	神埼町容器包装'NO'条例
鹿児島県・屋久町	放射能性物質等の町内持込を拒否	屋久町放射能物質等の持ち込み及び原子力関連施設の立地拒否に関する条例

環境（水）

熊本県	地下水保全の体制を総合的に強化	熊本県地下水保全条例
群馬県・桐生市	清流の継承でまちおこし／水源監視員を配置	桐生川の清流を守る条例
神奈川県・秦野市	「名水」を守るため「地下水」のくみ上げを禁止	秦野市地下水保全条例
長崎県・大村市	地下水保全のため、利用採取量の届出を義務付け	大村市の地下水を保全する条例

環境（自然）

栃木県・黒磯市	希少動植物112種類の保護に民有地も指定／罰則付	黒磯市希少な野生動植物の保護に関する条例
神奈川県・秦野市	環境保護のNPO育成を規定、環境保全条例を継承強化	秦野市みどり条例
高知県・高知市	地権者の同意を前提とせず地区指定	高知市里山保全条例

環境（大気）

| 滋賀県 | オゾン層破壊物質の回収違反に罰金 | 滋賀県大気環境への負荷の低減に関する条例 |
| 奈良県・奈良市 | 奈良の世界遺産、排ガスから守 | 奈良市アイドリング・ストップに |

		る／空ぶかしに罰金	関する条例

環境（廃棄物）

愛媛県		土地提供者や水質汚染も罰則の対象／全国初	愛媛県土砂等の埋立て等による土壌の汚染及び災害の発生の防止に関する条例
千葉県・市原市		産廃不法投棄防止へ大型車の通行規制／罰則規定は全国初	市原市林道の管理に関する条例
岐阜県・美濃市		500m^{2}以上の産廃保管場所、市長の同意が必要に	美濃市産業廃棄物保管の規制に関する条例
愛知県・春日町		放置自動車の撤去、処分へ「廃棄物判定委員会」	春日町放置自動車の発生の防止及び適正な処理に関する条例
大分県・大分市		自動車放置に罰金、氏名公表も／所有者不明は廃棄処分	大分市放置自動車の発生の防止及び適正な処理に関する条例

上下水道

群馬県・伊勢崎市		滞納予防で水道利用に保証金／新規契約者を対象	伊勢崎市給水条例

住宅

神奈川県・川崎市		高齢者、障害者、外国人の入居差別解消へ保証制度／全国初	川崎市住宅基本条例

都市計画

奈良県		風致地区を5段階に細分化／植栽面積基準も設定	奈良県風致地区条例
宮城県・七ヶ宿町		「宿場町」の風情を守り、豊かな街並みへ／全町対象に「煙だし」など景観形成基準を適用	七ヶ宿町街なみ景観条例
埼玉県・与野市		商業地域への用途変更で準工業地域の要素残す／自動車の町を守る	与野カーディーラー通り特別用途地区建築条例
神奈川県・川崎市		都市計画審議会委員に市民を任命	川崎市都市計画審議会条例
静岡県・富士宮市		全国初、トレーラーハウス定置を規制／違法設置者に勧告と公表	富士山等景観保全地域におけるトレーラーハウスの定置の規制に関する条例
石川県・金沢市		街に似合う建物の高さ・デザイン／住民が景観ルール、市長と協定で	金沢市における市民参画によるまちづくりの推進に関する条例 金沢市における土地利用の適正化に関する条例
京都府・京都市		大型開発に市や市民の意見反映をめざす	京都市土地利用の調整に係るまちづくりに関する条例
兵庫県・西宮市		当事者の一方からの申し出も「あ	西宮市開発事業等におけるまちづ

		っせん」、「調停」	くりに関する条例
			西宮市開発事業等に係る紛争調整に関する条例
兵庫県・芦屋市		まちづくりへ住民参加を明記／助成制度も	芦屋市住みよいまちづくり条例
岡山県・倉敷市		美観地区保全へ、建築物の高さ制限違反には罰金	倉敷市美観地区景観条例
佐賀県・佐賀市		建設業者に計画周知と説明義務／教育施設では事前協議を義務づけ	佐賀市中高層建築物の建築に係る紛争の予防と調整に関する条例
佐賀県・神埼町		自治体が連携して吉野ヶ里遺跡周辺の景観保全	神埼町吉野ヶ里歴史公園周辺景観条例

農林水産

宮城県	議員提案で総合的な農業振興を条例化	みやぎ食と農の県民条例
茨城県・笠間市	県条例適用外の農林業災害に市単独で支援条例／被害に迅速に対応	笠間市農林業災害対策特別措置条例
高知県・檮原町	森づくりの持続的発展へ／森林づくり会議を設置	檮原町森林づくり基本条例
大分県・直川村	村の特産材を使用しての自宅新築に補助金／村の基幹産業を守る	なおかわ木の家建築補助金の支給に関する条例

産業経済

愛媛県・東予市	企業誘致の推進へ市民雇用奨励金30万円	東予市工場立地促進条例
東京都・杉並区	大店立地法対象外の大型小売店舗などに規制	杉並区特定商業施設の出店および営業に伴う住宅地に係る環境の調整に関する条例

観光

岡山県・吉井町	「つちのこ」捕獲へ懸賞金基金を設置	吉井町つちのこ基金条例

教育

栃木県・日光市	世界遺産保護に基金／一般からの寄付を募る	日光市世界遺産「日光の社寺」保護基金条例
大阪府・河内長野市	文化財保存技術の継承や文化財の原材料も保護	河内長野市文化財保護条例
大分県・大分市	教育長任命に市長の意見を求める条項を規定	大分市教育委員会教育長の任命に係る手続きに関する条例
大分県・前津江村	子供の優れた個性を表彰「子ほめ条例」／地域ぐるみで児童生徒を育成	前津江村児童生徒表彰に関する条例

情報公開

宮城県	警察の裁量権（第一次判断権）を制限	宮城県情報公開条例
群馬県	全国初、パブリックコメント制を情報公開条例に盛る	群馬県情報公開条例
滋賀県	審査会に公募委員を導入／パブリックコメント制度も	滋賀県情報公開条例
北海道・帯広市	出資比率20％の団体まで情報公開の範囲を広げる	帯広市情報公開条例
宮城県・富谷町	口頭での開示請求を認める／住民への利便性に配慮	富谷町情報公開条例
埼玉県・草加市	外郭団体も実施機関として明記／全国初	草加市情報公開条例
佐賀県・多久市	100万円以上の補助団体も情報公開／小学生でも読める条例に	多久市情報公開・共有条例

情報公開（議会）

東京都・千代田区	不服審査に第三者機関／地方議会で初めて	千代田区議会情報公開条例

個人情報保護

埼玉県・草加市	電子情報漏えいに罰則、購入業者も対象／プライバシー権を明記、全国初	草加市個人情報保護条例

人権

千葉県・佐原市	国の給付金支給法対象被害者の枠を拡大し適用／市で初めて	佐原市犯罪被害者等支援条例
神奈川県・川崎市	子供の権利を明文化し、条例制定、全国初／「子供会議」や「子供権利委員会」を設置	川崎市子どもの権利に関する条例

人権（男女共同参画）

宮城県・岩出山町	被害者に実効ある条例化／窓口にはカウンセラー、避難場所の確保も明記	岩出山町いわでやま男女平等推進条例
埼玉県・新座市	男女共同参画の基本理念、セクハラや配偶者への暴力禁止を条例化／積極的是正措置も明記	新座市男女共同参画基本条例
石川県・小松市	男女平等を目的に掲げ、施行規則で事業者等に組織役員の男女比率同数に向け計画策定を求める	小松市男女共同参画基本条例
島根県・出雲市	セクハラ・家庭内暴力・性差別禁	男女共同参画による出雲市まちづ

		止／男女共同参画めざし条例	くり条例

NPO

愛知県・大口町		町がNPO（特定非営利活動法人）支援条例／全国の町村で初めて	大口町NPO活動促進条例

財政

東京都		大手銀行などに外形標準課税／5年の時限措置で	東京都における銀行業等に対する事業税の課税標準等の特例に関する条例
神奈川県・横浜市		JRA場外馬券売り場への法定外普通税を新設	横浜市勝馬投票券発売税（市税条例の一部改正）
神奈川県・小田原市		悪質な市税滞納に氏名公表やサービスの制限拡大／全国初	小田原市税の滞納に対する特別措置に関する条例
神奈川県・箱根町		日帰り客にも入湯税を課税／1人50円	箱根町町税条例の一部を改正する条例

自治制度

北海道・札幌市		オンブズマンに独自調査権／専門調査委員を置く	札幌市オンブズマン条例
北海道・ニセコ町		全国初、町の「憲法」制定／町民参加の権利、住民投票制度、情報共有の原則を盛る	ニセコ町まちづくり基本条例
茨城県・古河市		地方分権にむけ自治体のチェック機能を充実／行財政改革委員会からの提言で実現	古河市個別外部監査契約に基づく監査に関する条例
東京都・三鷹市		苦情なくてもオンブズマンの自己発意で市政調査／総合オンブズマン制度導入	三鷹市総合オンブズマン条例
東京都・府中市		開かれた市政実現のためオンブズパーソンを条例化	府中市オンブズパーソン条例
静岡県・静岡市		住民訴訟勝訴で、市が職員の弁護士費用を負担	地方自治法第96条2項の規定に基づき静岡市議会の議決すべき事件を定める条例（改正）
愛知県・高浜市		常設の住民票条例を制定、全国初／市民、議会、市長いずれかの提案で	高浜市住民投票条例
長崎県・小長井町		住民投票「常設化」全国で2例目／テーマ限定せず、町長発議で	小長井町まちづくり町民参加条例
熊本県・本渡市		公共事業の透明性、効率化に再評価制度を条例化	本渡市公共事業の再評価に関する条例

倫理（職員）

京都府・京都市		接待、贈り物に報告義務／市民の	京都市職員の倫理の保持に関する

大阪府・藤井寺市	閲覧請求も認める 不当行為要求者に警告、内容を公表も	条例 藤井寺市職員倫理条例
広島県・広島市	5千円以上の贈与に報告義務／職員倫理保持に関して人事委員会に権限	広島市職員倫理条例

倫理（政治）

長野県・須坂市	政治倫理基準や契約辞退の規準を明記／市民の調査請求権を規定、審査会を公開	須坂市政治倫理条例
奈良県・室生村	議員提案で政治倫理条例を制定／行政機関のあらゆる契約を辞退する規定	室生村政治倫理条例
福岡県・香春町	預貯金全てに報告義務／配偶者、扶養・同居親族も	香春町政治倫理条例
嘉穂南部衛生施設組合	全国で初めて、一部事務組合運営をガラス張りへ／政治倫理・情報公開同時に制定	嘉穂南部衛生施設組合政治倫理条例

議会

栃木県・塩原町	定例議会3回欠席で報酬を半減／自ら厳しい姿勢で	議会の議員の報酬及び費用弁償に関する条例
埼玉県・入間市	議会の政務調査費条例化／地方自治法の改正で	入間市議会政務調査費の交付に関する条例
高知県・大正町	議員研修を制度として位置づけ条例化／全国初	大正町議会議員の研修に関する条例

その他

東京都	ぼったくり防止条例を制定、全国初／不当な料金、強引な勧誘を規制	性風俗営業等に係る不当な勧誘、料金の取立て等の規制に関する条例
茨城県・岩井市	夫婦の日制定で家庭の大切さをキャンペーン	岩井市夫婦の日を定める条例
新潟県・湯沢町	全国初、リフト券ダフ屋防止条例／請願を採択して議員提案	湯沢町スキーリフト券等の不当売買行為の防止に関する条例
滋賀県・栗東町	公共施設から暴力団を締め出し	東栗東町立公民館設置及び管理に関する条例等の一部を改正する条例
大分県・日田市	競輪場外車券売場の設置規制へ条例制定／市長の同意を義務づけ	日田市公営競技の場外券売り場設置による生活環境等の保全に関する条例

2001年に制定された条例一覧

まちづくり

福井県・小浜市	小浜の食文化を生かしたまちづくりへ、基本施策や市民、事業者の役割を明文化	小浜市食のまちづくり条例
群馬県・富岡市	発明工夫でまちづくり、発明工夫推進基金を創設	富岡市発明工夫のまちづくり推進基金条例

青少年

宮城県	ピンクちらしのまき散らしを禁止、重点地区の指定も／全国初	宮城県ピンクちらし根絶活動の促進に関する条例
大分県	業者、県民、保護者が一体で青少年の飲酒と喫煙を防止へ	大分県青少年の飲酒及び喫煙の防止に関する条例
石川県・加賀市	有害図書の自動販売機を規制へ、撤去命令、罰金も	加賀市図書等自動販売機の適正な設置及び管理に関する条例
青森県・深浦町	たばこ自販機の屋外設置禁止／全国初	深浦町自動販売機の適正な設置及び管理に関する条例

福祉

石川県・七尾市	行政、福祉関係者、市民で福祉ネットワークづくり、専門委員も新設	七尾市民ふれあい福祉条例
神奈川県・横浜市	親亡き後の障害者支援へ、全国初の条例化	横浜市後見的支援を要する障害者支援条例
茨城県・大洗町	第3子や父子家庭も対象に子育て報奨金	大洗町浜っ子すこやか報奨金基金の設置・管理及び処分に関する条例
広島県・千代田町	医療費の無料化、県の制度を独自に拡充	千代田町ひとり親家庭等医療費支給条例

福祉（高齢者）

秋田県・鷹巣町	福祉施設内での高齢者の身体拘束を制限、全国で初めて条例化	鷹巣町高齢者安心条例
静岡県・浜松市	低所得者の保険料を半額減免へ改正	浜松市介護保険条例（改正）

保険・衛生

北海道	生態系を乱す移入動物の販売や飼育の届け出を義務付け	北海道動物の愛護及び管理に関する条例
鳥取県	飼い主の責任を明確に、ふんの不始末に罰金	鳥取県動物の愛護及び管理に関する条例
神奈川県・川崎市	無縁墓の増加に対し、墓地使用に期限を設定／全国初の条例制定	川崎市墓地等の経営の許可等に関する条例

愛知県・名古屋市	ペットに関する商行為は全て登録、市の権限を拡大	名古屋市動物の愛護及び管理に関する条例
岡山県・岡山市	飼育放棄を防止へ、犬・猫の引き取りは有料に	岡山市動物の愛護及び管理に関する条例

環境

岡山県	落書き行為やサーチライトなどの光害の防止に罰則規定／全国初	岡山県快適な環境の確保に関する条例
高知県	重点地域を指定し開発規制、私権制限し四万十川の保全へ	高知県四万十川の保全及び流域の振興に関する基本条例
埼玉県・児玉町	水質汚濁防止に立入検査や罰則規定を盛る	児玉町環境保全条例
京都府・網野町	琴引浜の「鳴き砂」の保護へ喫煙禁止／府の管理権を町に委任し実効性を確保	網野町美しいふるさとづくり条例 網野町海岸管理条例
東京都・渋谷区	建築物の新築・増改築に屋上緑化を義務づけ	渋谷区みどりの確保に関する条例（改正）
栃木県・小山市	ボランティア団体等の環境改善の活動に助成	小山市グラウンドワーク基金条例
福岡県・苅田町	管理不良状態の雑草を刈らないと強制代執行、費用は所有者から徴収	苅田町あき地に係る雑草等の除去に関する条例
鹿児島県・大和村	奄美大島の天然記念物など希少動植物全般を対象	大和村における野生生物の保護に関する条例
岡山県・哲多町	自然景観と稀少植物の117種を保護、保護監視員を配置	哲多町自然景観及び稀少植物等保護に関する条例
宮崎県・東郷町	冠岳の広葉樹林保護で伐採禁止／杉林から広葉樹林へ千年の構想	東郷町冠岳ふるさと千年の森設置条例
岩手県・紫波町	まちづくりの軸に循環型社会の構築を据える／条文は平易な表現を採用	紫波町循環型まちづくり条例
山梨県・大泉村	あき地や遊休農地の雑草木を危険回避で強制伐採、罰則も	大泉村あき地の適正な管理に関する条例
埼玉県・志木市	公共事業などで破壊される自然の再生にむけ条例を制定／全国初	志木市自然再生条例
山形県・朝日町	ヒメサユリ保護に条例制定、旅行者も対象	朝日町の花ヒメサユリの保護に関する条例

環境（水）

群馬県・富岡市	水源保護地域での産業廃棄物処理施設などの建設を規制	富岡市水道水源保護条例
宮城県・白石市	水源保護条例に「きれいな水を住民が享受する権利」を明記	白石市水道水源保護条例

| 福井県・池田町 | 産業廃棄物施設や立ち木の伐採を規制／懲役などの罰則規定を盛る | 池田町の水を清く守る条例 |
| 福井県・敦賀市 | 産廃立地に独自規制、既存施設にも特別排出基準等の遵守を義務化 | 敦賀市水道水源保護条例 |

環境（大気）

| 埼玉県・久喜市 | 市内を通過する車や原動機付自転車のアイドリングを禁止 | 久喜市アイドリング・ストップ条例 |

環境（廃棄物）

高知県	県が放置自動車の処理費用を市町村に補助	高知県放置自動車の発生の防止及び処理の推進に関する条例
鳥取県	野積み廃車、廃タイヤの適正保管を義務付け／全国初	鳥取県廃自動車等の適正な保管の確保に関する条例
滋賀県	ポイ捨て禁止対象に釣り道具、違反者に清掃参加指導や罰則も	滋賀県ごみの散乱防止に関する条例（改正）
香川県	処理業者に事業の中止や変更勧告、罰則規定は全国初	香川県における県外産業廃棄物の取扱に関する条例
愛知県・一色町	産廃処理施設の設置に、町への計画書提出や住民説明会を義務付け／違反は公表も	一色町内における産業廃棄物処理施設の設置等の紛争予防に関する条例
和歌山県・和歌山市	産廃処理施設設置に事実上の住民同意条件、市の要請で協定締結を義務化／全国初	和歌山市産業廃棄物処理施設の設置に係る紛争の予防に関する条例
大阪府・門真市	飼い主のいないハト、犬、猫への給餌に勧告、ポイ捨てや落書きに罰金	門真市美しいまちづくり条例
福岡県・筑紫野市	林道の使用を制限、廃棄物の搬入を通行禁止に	筑紫野市林道管理条例
愛媛県・新居浜市	放置自動車撤去、処分へ廃物認定委員会／罰則も	新居浜市放置自動車の発生の防止及び適正な処理に関する条例
群馬県・桐生市	ごみや再生資源の不法投棄防止へ、通報者に報奨金制度	桐生市不法投棄防止条例
富山県・立山町	家電廃棄物や廃棄自動車などの投棄を禁止／罰則付き	立山町環境美化の推進に関する条例
滋賀県・愛東町	あらゆるゴミの不法投棄を禁止、違反に罰金100万円	愛東町生活環境の保全に関する条例
大分県・直入町	廃棄物処理場建設などに事前協議を義務付け	直入町環境保全条例
滋賀県・長浜市	話し言葉の採用で子どもにも分かる表現に／「戒め権」を初めて規定	長浜市ポイ捨ておよびふん害の防止に関する条例

上下水道

山梨県・長坂町	下水道未加入に過料、排水設備の促進を図る	長坂町下水道条例の一部を改正する条例	

都市計画

青森県	土石の採取や工作物の新築などを規制／保全地域の指定も	青森県ふるさとの森と川と海の保全及び創造に関する条例
高知県	開発業者に説明責任／知事に中止や変更命令の権限、罰則規定も	高知県土地基本条例
滋賀県	大規模建築物を規制する景観アセスメントを導入	ふるさと滋賀の風景を守り育てる条例（改正）
石川県・金沢市	全国初／都市中心部の定住促進条例	金沢市まちなかにおける定住の促進に関する条例
神奈川県・大磯町	原案段階から住民参加、開発許可に独自基準	大磯町まちづくり条例
岐阜県・多治見市	風景づくりで施設の規模や位置、形態の基準などを協定／地区指定も	多治見市美しい風景づくり条例
石川県・松任市	市民主導で提案型まちづくり、地域ごとの「まちづくり団体」と協定	松任市美しいまちづくり条例
福岡県・北九州市 山口県・下関市	関門景観保全へ、県境を挟む2市が共同で景観条例を制定	関門景観条例
秋田県・横手市	雪との共存をめざし、魅力ある雪国づくりへ条例制定	横手市雪となかよく暮らす条例
埼玉県・戸田市	「三軒協定」などコミュニティによる景観形成に助成制度	戸田市都市景観条例

港湾

神奈川県	プレジャーボートの保管場所届け出を義務化、罰則も／全国初	神奈川県プレジャーボートの保管場所に関する条例

農林水産

長崎県・厳原町他対馬5町	イノシシの所持や持ち込みを禁止、農作物の被害防止で／違反に罰則	イノシシの所持、持ち込みの禁止等に関する条例
鳥取県・東郷町	二十世紀梨を核とした魅力ある地域づくりや地域振興を図る	東郷町二十世紀梨を大切にする条例
宮崎県・高千穂町	林業振興へ町内産など国内産材使用の新増築住宅に補助金	高千穂町フォレストピア木造住宅奨励補助金条例

産業経済

大阪府・堺市	自転車利用促進に基金、環境を保護して産業を振興へ	堺市自転車環境共生まちづくり基金条例

教育		
北海道	アウトドア振興とアウトドアガイド育成をめざす条例、都道府県では初	北海道アウトドア活動振興条例
石川県・金沢市	子どもの育成に地域の責任を明文化	金沢市子どもの幸せと健やかな成長を図るための社会の役割に関する条例
鹿児島県・桜島町	町民の国外留学を支援、100万円を支給	桜島町青少年留学奨励金支給条例
災害対策		
鳥取県	全国初、全被災者を対象に上限300万円を支給	鳥取県被災者住宅再建支援条例
東京都・板橋区	震災復興本部の設置条例と併せて、震災復興の手順も条例化	東京都板橋区震災復興本部条例 / 東京都板橋区震災後の市街地の復興における計画的な整備に関する条例
労働		
広島県	労働紛争、組合でなくても調停が受けられる制度が出発	広島県個別労働関係紛争のあっせんに関する条例
人権		
滋賀県・八日市市	犯罪被害者に見舞金/遺児には義務教育終了時までに年額2万円支給	八日市市犯罪被害者等支援条例
神奈川県・川崎市	条例による人権救済体制の整備は全国初/救済申し立てや調整、勧告、是正要請への取り組み	川崎市人権オンブズパーソン条例
人権（男女共同参画）		
宮城県	全国初/男女共同参画に関するNPOへ支援を明記	宮城県男女共同参画推進条例
佐賀県	事業者の取り組み状況の報告と結果の公表を規定	佐賀県男女共同参画推進条例
熊本県・八代市	地域に根ざす性差別の解消へ、人権侵害の処理機関を設置	八代市男女共同参画推進条例
広島県・広島市	補助金交付団体に方針等決定過程への女性の参画を要請	広島市男女共同参画推進条例
NPO		
宮城県	特定非営利活動法人（NPO法人）支援強化への県税の課税を免除	特定非営利活動法人に対する県税の課税免除に関する条例
岐阜県	NPO法人に県民税均等割、不動産	特定非営利活動法人に対する岐阜

	取得税などの免除で支援	県税の特例に関する条例
国際交流		
奈良県・王寺町	地域交流参加を条件に外国人留学生へ奨学金	王寺町外国人留学生奨学金支給条例
警察		
広島県	全国初／逮捕や救助協力の受傷者に報奨金を制度化	警察官の職務に協力援助した者に対する賞じゅつ金の授与に関する条例
情報公開		
秋田県	県警が情報公開の実施機関へ、裁量権の範囲を例示	秋田県情報公開条例（改正）
福島県・飯塚市	年間50万円以上出資する法人・団体も対象／不存在文書は説明等の方法で提出	飯塚市情報公開条例（改正）
愛媛県・渥美町	全保有文書、施行前文書も対象／予算執行を伴う事務事業の相手方の役職と氏名も公開	渥美町情報公開条例
個人情報保護		
高知県	是正請求権を都道府県で初めて明記／死者の扱いも明文化、事業者には指針	高知県個人情報保護条例
東京都・杉並区	住民基本台帳ネットワークシステムから個人情報を保護へ条例制定	杉並区住民基本台帳に係る個人情報の保護に関する条例
財政		
東京都	法定外目的税のホテル税を導入、一泊1万円以上の宿泊に課税／全国初	東京都宿泊税条例
神奈川県	企業の当期利益に課税「臨時特例企業税」／全国初の法定外普通税	神奈川県臨時特例企業税条例
三重県	全国初の産業廃棄物税条例／1㌧1000円を課税	三重県産業廃棄物税条例
埼玉県・川口市	ペイオフ解禁に備え基金繰替規定に、制度融資は利子補給方式に変更	川口市公金預金の保全を図るための関係条例の整備に関する条例 川口市中小企業融資条例の一部を改正する条例
福岡県・福岡県南広域消防組合	ペイオフ解禁を受け土地開発公社への融資で基金を保護、利息収入も増加	福岡県南広域消防組合財政調整基金に関する条例

| 山梨県・河口湖町他2村 | 釣り客に「遊漁税」、遊漁券に課税／地方分権整備法施行後、全国で初めての法定外目的税 | 河口湖町遊漁税条例 |
| 岐阜県・多治見市 | 市外から持ち込まれる一般廃棄物に法定外目的税の埋立税を課税 | 多治見市一般廃棄物埋立税条例 |

自治制度

宮城県	第三者機関による政策評価を条例で位置付け／都道府県で初めて	宮城県行政評価委員会条例
北海道・木古内町	町の振興計画や事務事業の評価にまちづくり委員会設置、委員は公募で	木古内町まちづくり委員会条例
茨城県・つくば市	行政を監視するオンブズマン制度を導入	つくば市オンブズマン条例
北海道・石狩市	すべての行政活動に市民参加手続きを義務づけ／全国初	石狩市行政活動への市民参加の推進に関する条例
神奈川県・横須賀市	パブリック・コメント手続きを制度化、「条例案」も対象は全国初	横須賀市市民パブリック・コメント手続条例
北海道・猿払村	村の憲法と、住民との協働を条例で確立	猿払村まちづくり理念条例／猿払村村民参加条例
宮崎県・五ヶ瀬町	行政改革の一環で収入役を廃止	五ヶ瀬町に収入役を置かない条例
岡山県・岡山市	全国初／機構改革に行政評価の視点	岡山市の組織及びその任務に関する条例
島根県・出雲市	社会教育部門を市長部局に移す条例改正	出雲市部室設置条例（改正）
愛知県・西春町	分権時代に対応、市民中心の機構に組織を改革	西春町事務分掌規則の一部を改正する規則

自治制度（住民投票）

| 三重県・海山町 | 原発誘致で住民投票、立地計画がない段階では全国で始めて | 海山町における原子力発電所誘致に対する賛否についての住民投票に関する条例 |
| 埼玉県・上尾市 | 合併の是非を問う住民投票条例／全国初、結果尊重を明記 | 上尾市がさいたま市と合併することの可否を住民投票に付するための条例 |

職員

滋賀県・近江八幡市	違反・不当行為の調査に第三者機関、不当要求行為者に警告や公表	近江八幡市コンプライアンス条例
奈良県・天理市	育児・介護休業の終了後も、1日2時間の子育てや介護支援休業を認める	子の養育又は家族の介護を行う天理市職員の休業に関する条例
岐阜県・岐阜市	誰でも贈与報告書の閲覧が可能に、外部の審査会がチェック	岐阜市職員倫理条例

	政治倫理		
兵庫県・宝塚市	市長等の守るべき倫理基準や市民からの調査請求権を規定	宝塚市市長等倫理条例	

	議会		
栃木県・矢板市	地方自治法の改正で条例制定、政務調査費の収支報告書に領収書の添付を義務化	矢板市議会政務調査費の交付に関する条例	
東京都・千代田区	政務調査研究費、領収書の原本添付しての収支報告を義務づけ報告書、区のホームページで公開も	千代田区議会政務調査研究費の交付に関する条例	
宮崎県・高千穂町	議会だよりの編集委員会、編集方針、掲載事項などを条例で定める	高千穂町議会報発行に関する条例／高千穂町議会報発行規定	

	その他		
愛媛県	暴走行為をあおる「期待族」を規制へ、違反者に罰金、都道府県では初めて	愛媛県暴走族等の追放の促進に関する条例	
兵庫県・姫路市	暴走行為をあおる行為で違反者に罰金、期待族への規制は全国初めて	姫路市民等の安全と安心を推進する条例	
青森県・青森市	ねぶた祭りを正しい姿で保存伝承、カラス族の阻害行為防止へ	青森ねぶた保存伝承条例	
山梨県・河口湖町	富士山の環境保全と地域振興をめざし、2月23日を「富士山の日」に制定	河口湖町富士山の日条例	
奈良県・天理市	条例で産廃処分場計画に反対の市民団体に活動補助金を交付	苣原町地内の産業廃棄物埋立最終処分場建設反対活動を支援するための補助金の交付に関する条例	

2002年に制定された条例一覧

	まちづくり		
佐賀県・小城町	文化、芸術に携わる人材誘致でまちづくり／奨励金や土地貸与	人材誘致条例	

	児童・家庭		
埼玉県	虐待救済へ権利擁護の専門委員会／全国初	埼玉県子どもの権利擁護委員会条例	
島根県・出雲市	子ども会復活へ支援／学校週5日制に地域の受け皿	21世紀出雲市青少年ネットワーク条例	
北海道・奈井江町	子どもが参加するまちづくり／権	子どもの権利に関する条例	

| 岡山県・新庄村 | 利条約を実践する条例
子どもは宝／憲章と条例で子育て支援 | 新庄村子ども条例 |

福祉

| 島根県・松江市 | 福祉サービスへの苦情処理制度／市と協賛事業者を対象 | 松江市福祉サービスに係る苦情の処理に関する条例 |

保健・衛生

兵庫県・神戸市	規制区域内でイノシシへ食物を与えることを禁止	神戸市いのししの出没及びいのししからの危害の防止に関する条例
埼玉県・志木市	不適正な食品表示を市民が監視／申出内容を広報紙で公表も	志木市食品表示ウォッチャー制度条例
埼玉県・日高市	設置は市長の許可制／違反は使用禁止命令も	日高市ペット霊園の設置等に関する条例
埼玉県・八潮市	全国初／施設の撤去勧告も規定	八潮市ペット霊園の設置等に関する条例
神奈川県・横浜市	墓地経営の許可手続と基準を制定／財務状況の定期報告を義務付け	横浜市墓地等の経営の許可等に関する条例

環境

岩手県	生息地、育成地の保護区へ立ち入り制限／捕獲や所持も禁止	岩手県希少野生動植物の保護に関する条例
岩手県	不法投棄対策で「廃棄物」の定義を拡大／有価物・放置物も対象に	循環型社会の形成に関する条例
滋賀県	在来種保護で外来魚の再放流を禁止／プレジャーボートの航行規制も	滋賀県琵琶湖のレジャー利用の適正化に関する条例
香川県	民有林も協議対策／協議終了前は開発禁止	みどり豊かでうるおいのある県土づくり条例
佐賀県	希少生物保護へ向け規制強化／光害禁止も規定	佐賀県環境の保全と創造に関する条例
栃木県・石橋町	自動車や犬のふんなどの放置に罰金／空き缶・たばこの吸殻・粗大ごみの投棄も違反	石橋町環境美化条例
岩手県・岩泉町	龍泉洞周辺の湧水保全に基金条例／環境基本条例と一体で	岩泉町環境基本条例 龍泉洞森と水保全基金条例
長野県・小川村	営利目的で山菜や黒スズメバチの採取・捕獲を禁止	小川村山林野保全条例
沖縄県・恩納村	海岸での騒音や水中銃などの使用を禁止／罰則つきは全国初	恩納村海岸管理条例
高知県・中村市ほか	四万十川流域8市町村の全てで統	中村市四万十川の保全及び振興に

	一条例／県境を越えて愛媛の4町村も	関する基本条例
島根県・平田市	在来生態系保護へ／外来魚再放流などを禁止	平田市在来生態系保護条例
神奈川県・横浜市	飲食店のにおいや夜間営業騒音、生活騒音の不快指数を数値化	横浜市生活環境の保全等に関する条例

環境（廃棄物）

埼玉県	排出・たい積に厳しい規制／業者の信用度も審査対象	埼玉県土砂の排出、たい積等の規制に関する条例
千葉県	産業廃棄物の自社処分に規制／小型の焼却・破砕施設や積替保管場も許可制に	千葉県廃棄物の処理の適正化に関する条例
東京都・千代田区	歩きたばこや路上喫煙を禁止／悪質者に科料	安全で快適な千代田区の生活環境の整備に関する条例
群馬県・板倉町	埋立規制で停止命令／命令違反は保証金を没収	板倉町土砂等による土地の埋立ての規制に関する条例
岡山県・岡山市	産廃業者に事前説明を義務付け／計画修正勧告も	岡山市産業廃棄物処理施設の設置及び管理の適正化等に関する条例
京都府・京都市	安全・美観の維持に公共の場所以外でも撤去／土地所有者に報告義務、罰則も	京都市自動車放置防止条例
埼玉県・久喜市	300m²以上の面積から規制／紛争解決の誓約書提出	久喜市土砂等による土地の埋立て等の規制に関する条例
和歌山県・串本町	釣り人や旅行者も対象に／違反者には清掃活動を命令	串本町の豊かな自然と住みよい環境を守る条例
島根県・東出雲町	県への申請前に町へ説明義務付け／関係住民と3者協定も	東出雲町産業廃棄物処理施設の設置に係る紛争の予防に関する条例
千葉県・八千代市	通報者に1万円の報奨金／議員提案で制定	八千代市不法投棄防止条例

環境（水）

福島県	国基準より厳しい排水規制／窒素除去型浄化槽を義務付け	福島県猪苗代湖及び裏磐梯湖沼群の水環境の保全に関する条例
山梨県・大泉村	水源地一帯を建設禁止区域に／産廃施設などから自衛	大泉村水資源の確保と保護に関する条例
兵庫県・上月町	豊かな自然とホタルの保護を一層めざし制定	上月町水道水源保護条例
奈良県・天理市	産廃処分場に危機感／水源保護に全市一丸	天理市水道水源保護条例
山口県・萩市	7自治体が河川環境保全へ統一条例／廃棄物の不法投棄禁止などを規定	萩市河川環境保全条例

福島県・福島市	ホテルなども対象事業場に／浄化槽の大きさで規制	福島市水道水源保護条例	

都市計画

福島県・檜枝岐村	優れた景観が訪問者へのもてなし／屋根の色など統一	美しい檜枝岐村をつくる条例
埼玉県・大井町	3階建て以上のマンションから対象／相談窓口を毎週常設	大井町中高層建築物の建築に係る紛争の防止及び調整に関する条例
愛知県・春日井市	許認可申請前の説明会を義務付け／調停委員会制度創設	春日井市開発事業に係る紛争の予防及び調整に関する条例
石川県・金沢市	寺社の風景保存へ保全地区を指定／全国初	金沢の歴史的文化資産である寺社等の風景の保全に関する条例
神奈川県・鎌倉市	斜面緑地の開発や狭あい宅地開発を規制／罰則規定も	鎌倉市開発事業等における手続き及び基準等に関する条例
京都府・京都市	歴史的町並み保全のため規制を解除／全国初	京都市伝統的景観保全に係る防火上の措置に関する条例
東京都・渋谷区	ワンルームマンションの建築・管理運営に基準を設け規制	渋谷区ワンルームマンション等建築物の建築に関する住環境の整備に関する条例
三重県・二見町	伝統的環境と景観の保全を「まちなみ基準」で／景観維持に補助金	二見町の景観・文化を守り、育て、創る条例
東京都・三鷹市	開発事業に環境配慮基準／特定事業は事前相談・環境配慮計画書の提出義務	三鷹市まちづくり条例
熊本県・宮原町	土地開発や建築行為の規制に住民参加の手法を導入	宮原町を守り磨き上げるまちづくり条例

農林水産

群馬県	農産物の安全供給へ、無登録農薬の使用を禁止／全国初	群馬県における農薬の適正な販売、使用及び管理に関する条例
石川県・羽咋市	農業後継者に奨学金を支給／10年以上就農条件	羽咋市農業後継者育成条例
兵庫県・波賀町	豊かな森林づくりへ「間伐」の所有者負担費用を補助	ふるさと豊かな森林づくり条例 ふるさとの豊かな森林づくりに関する規則
青森県・板柳町	りんご生産の安全性確保に「安全ガイドライン」「生産者ガイドライン」を策定	りんごの生産における安全性の確保と生産者情報の管理によるりんごの普及促進を図る条例

交通

岡山県・岡山市	放置自転車でレンタサイクル／駅周辺の近隣交通対策	岡山市レンタサイクル条例

港湾			
	東京都	全ての船舶に係留保管施設の確保を義務付け／違反者に罰則	東京都船舶の係留保管の適正化に関する条例
警察			
	大阪府	鉄パイプ、金属バット、ゴルフクラブ不当携帯に罰則／全国初	大阪府安全なまちづくり条例
災害対策			
	東京都・板橋区	耐震性の不十分な建物公表へ／災害危険情報の提供と共有化も規定	東京都板橋区防災基本条例
情報公開			
	埼玉県・草加市	市長・教育長・議員などの全ての交際費の公開を条例化／全国初	草加市交際費公開条例
	静岡県・韮山町	住民参画のまちづくりへ公文書管理を徹底／公開妨害の職員に罰則	韮山町情報公開条例
個人情報保護			
	東京都・品川区	住民票記載事項の情報不正取得者に罰則／全国初	品川区住民基本台帳ネットワークシステムに係る個人情報の保護に関する条例
	東京都・新宿区	住民票の届け出・閲覧・取得に本人確認を義務付け／全国初	新宿区住民基本台帳基本条例
	神奈川県・横浜市	本人確認情報等を目的外利用した職員に罰則／全国初	横浜市住民基本台帳ネットワークシステムに係る本人確認情報等の保護に関する条例
人権			
	岡山県・岡山市	市のHPへの有害書き込みを禁止／市の判断で文書を削除、全国初	岡山市電子掲示板に係る有害情報の記録行為禁止に関する条例
人権（男女協働）			
	兵庫県	男女共同参画に県と事業者が協定／全国初	男女共同参画社会づくり条例
	福井県・武生市	共同参画社会の形成が最重要施策と条例に明記／オンブッドを配置	武生市男女共同参画推進条例
	東京都・目黒区	人権政策として取り組み／オンブーズへ協力義務	目黒区男女が平等に共同参画する社会づくり条例
財政			
	岐阜県	バス・タクシーを対象に環境税を課税／国立公園の自然保護で全国初	岐阜県乗鞍環境保全税条例

三重県	県の権限を強化して、出資・公益法人運営の透明性を向上／議員提出議案	県の出資法人への関わり方の基本的事項を定める条例
		県が所管する公益法人及び公益信託に関する条例
岡山県	中国三県が同時に産廃税／最終処分地方式	岡山県産業廃棄物処理税条例
三重県・四日市市	議決事件以外の契約に議会の監視／議員提出議案	議決事件に該当しない契約についての報告に関する条例
福岡県・太宰府市	駐車料金に課税／法定外普通税として環境税を創設	太宰府市歴史と文化の環境税条例
東京都・千代田区	行財政改革条例に数値目標／全国で初めて	千代田区行財政改革に関する基本条例
青森県・横浜町	菜の花でまちづくり／作付け面積日本一の保全の財源基金	日本一の菜の花の都保護基金条例
		日本一の菜の花の都保護対策協議会設置要綱

産業・経済

群馬県・前橋市	水道料金助成は全国初／外国人登録者雇用も補助対象	前橋市企業誘致条例
		前橋市企業誘致条例施行規則
北海道・留辺蘂町	足腰の強い地場産業の創造へ「基本法」を制定	留辺蘂町地場産業振興条例

NPO

神奈川県・平塚市	公益信託制度で市民活動助成／公共サービス参入の機会提供も	平塚市市民活動推進条例

自治制度

北海道	政策の立案や実施に道民参加、道民投票も／都道府県初	北海道行政基本条例
北海道	政策評価を恒久的な制度として位置付け／政策評価の公表を義務化	北海道政策評価条例
鳥取県	許認可の申請者に処理・処分の期間を周知	鳥取県行政手続条例
鳥取県	住民の意見反映に郡民会議を設置／18歳以上の男女同数で構成	鳥取県日野郡民行政参画推進会議条例
島根県	外部団体に自己経営評価や県議会への報告義務	島根県が出資する法人の健全な運営に関する条例
北海道・旭川市	政策形成のプロセスに市民参加を規定／市民投票制度も導入	旭川市市民参加推進条例
兵庫県・生野町	最高規範性のある自治基本条例として位置付け／情報共有の原則、住民投票制度を盛る	生野町まちづくり基本条例
秋田県・岩城町	18歳以上の未成年者にも投票資	岩城町の合併についての意思を問

		格／永住外国人にも	う住民投票条例
東京都・清瀬市		男女共同参画やパブリックコメントを導入／条例の運用を点検する委員会を設置	清瀬市まちづくり基本条例
青森県・倉石村		施策の構想・策定段階から村民、集落の参加、実施での協働／自治基本条例として制定	倉石村づくり基本条例
埼玉県・志木市		行政主体の評価から市民評価へ／公募委員で行政評価委員会を設置	志木市行政評価条例
埼玉県・志木市		1億円以上の公共事業に市民の選択権／計画ごと市民審査会、全国初	志木市公共事業市民選択権保有条例
東京都・杉並区		区政運営の理念・原則を条例化／18歳以上に住民投票請求権	杉並区自治基本条例
栃木県・高根沢町		行政評価システムの継続性を担保／評価に住民意見を聴取	高根沢町行政評価に関する条例
長野県・高森町		自治組織への加入促進を条例化	高森町町民参加条例 高森町自治組織加入指導要綱
東京都・西東京市		市民参加へ意見提出制度の導入／市民説明会、市民ワークショップの開催も	西東京市市民参加条例
愛知県・高浜市		18歳以上、永住外国人、受刑者に住民投票資格／条例改正で全国初	高浜市住民投票条例
滋賀県・米原町		永住外国人に投票権／市町村合併に限定	米原町の合併についての意思を問う住民投票条例

平和

北海道・苫小牧市		非核三原則の主旨を広く市民に普及へ／全会一致で採択	苫小牧市非核平和都市条例
神奈川県・大和市		議員提案条例で平和施策の積極支援	大和市次代に戦争の記憶をつなげる条例

議会

神奈川県・横須賀市		議会の制度をわかりやすく整理／会議条例・委員会条例と規則に	横須賀市議会会議条例／横須賀市議会会議規則／横須賀市議会委員会条例／横須賀市議会委員会規則／横須賀市議会傍聴規則

政治倫理

栃木県・石橋町		1親等以内の親族企業は町発注工事を辞退／失職なら議員報酬を返還	石橋町議会議員政治倫理条例
福岡県・椎田町		町長、議員のファミリー企業規	椎田町政治倫理条例

山口県・新南陽市	制／町民の調査請求権 公募市民・原則公開の審査会／議会で常に見直し作業	新南陽市政治倫理条例

その他

東京都・港区	マンションやホテルなどの建築に防犯設備整備の努力義務	安全で安心できる港区にする条例
熊本県・熊本市	条例の条文表記を現代的なものに整備	熊本市条例の用語等の見直しに伴う関係条例の整備に関する条例 熊本市条例のよう音及び促音の整備に関する条例
東京都・豊島区	区民理解を得られなければ、競輪など場外券売り場の設置はできないと改正	豊島区生活安全条例
岡山県・新見市	市議会議員選挙、市長選挙に電子投票を導入／全国初	新見市議会の議員及び新見市長の選挙における電磁的記録式投票機による投票に関する条例
広島県・広島市	暴走族の集会を罰則の対象に／違反者には懲役または罰金	広島市暴走族追放条例
東京都・武蔵野市	つきまとい勧誘を禁止／悪質違反者の氏名公表、全国初	武蔵野市つきまとい勧誘行為の防止及び路上宣伝行為等の適正化に関する条例

2004 地方自治体 新条例解説集

発行日	2004年6月22日
監　修	自治体議会政策学会
	住沢博紀（日本女子大学教授）
発行人	片岡幸三
印刷所	倉敷印刷株式会社
発行所	イマジン出版株式会社©
	〒112-0013 東京都文京区音羽1-5-8
	TEL03-3942-2520　FAX03-3942-2623
	HP　http://www.imagine-j.co.jp

ISBN4-87299-361-6　C2032　¥2000E

落丁、乱丁の場合は小社にてお取替えいたします。

コパ・ブックス **自治体議会政策学会叢書**

COPA BOOKS ☆最新の情報がわかりやすいブックレットで手に入ります☆

分権時代の政策づくりと行政責任
佐々木信夫（中央大学教授）著
■分権時代の国と地方の役割、住民の役割を説き、「政策自治体」の確立を解説。
■地域の政治機能・事務事業の執行機能に加え、今問われる政策立案と事業機能を説明。
□A5判／80頁　定価945円（税込）

ローカル・ガバナンスと政策手法
日高昭夫（山梨学院大学教授）著
■政策手法を規制・経済・情報の3つの類型で説明。
■社会システムをコントロールする手段としての政策体系がわかりやすく理解できる。
□A5判／60頁　定価945円（税込）

ペイオフと自治体財政
大竹慎一（ファンドマネージャー）著
■自治体の公金管理と運用の力量が問われる時代。自治体公金管理者は公金の動きをどのように把握すべきか。ニューヨークを足場にファンドマネージャーとして活躍する経済人の目から、自治体財政の改革点を指摘。タイムリーなお薦めの書。
□A5判／70頁　定価945円（税込）

自治体議員の新しいアイデンティティ
持続可能な政治と社会的共通資本としての自治体議会
住沢博紀（日本女子大学教授）著
■政治や議会が無用なのか。政党と自治体議会の関係はどのようにあるべきかを説く。新たな視点で自治体議員の議会活動にエールを送る。
□A5判／90頁　定価945円（税込）

自治体の立法府としての議会
後藤仁（神奈川大学教授）著
■住民自治の要として、自治体の地域政策の展開が果たす役割は大きい。立法府としての議会はどのように機能を発揮すべきか。議会改革のポイントを説く。
□A5判／88頁　定価945円（税込）

ローカル・マニフェスト
―政治への信頼回復をめざして―
四日市大学地域政策研究所（ローカル・マニフェスト研究会）著
■マニフェストが一目でわかる初めての解説書。
■イギリスのマニフェスト、中央政府のマニフェスト、ローカルマニフェスト、大ロンドン市長のマニフェストも詳細に解説。マニフェスト政策実例集も紹介。
□A5判／88頁　定価945円（税込）

地域のメタ・ガバナンスと基礎自治体の使命
―自治基本条例・まちづくり基本条例の読み方―
日高昭夫（山梨学院大学教授）著
■公共空間再編に家族部門、コミュニティ部門、ボランタリー部門、市場部門、政府（行政）部門の5助システムを定義。
■「自治・分権」「参加・協働」を機軸に、地域の特性にふさわしい社会システムの再構築を新たな視点から提案。
■ガバナンスの総合調整役としての基礎自治体の政策課題を解説。
■メタ・ガバナンスの基本設計「自治基本条例・まちづくり基本条例」の全国制定状況や内容を分析。
□A5判／100頁　定価945円（税込）

イマジン出版　〒112-0013 東京都文京区音羽1-5-8
TEL.03-3942-2520 FAX.03-3942-2623
http://www.imagine-j.co.jp/